João Antônio e os BEE GEES

Marcio Paschoal

João Antônio e os BEE GEES

FARIA E SILVA

Rio de Janeiro, 2024

João Antônio e os BeeGees

Faria e Silva é uma empresa do Grupo Editorial Alta Books (STARLIN ALTA EDITORA E CONSULTORIA LTDA).

ISBN: 978-65-6025-008-6

Impresso no Brasil – 1ª Edição, 2024 – Edição revisada conforme o Acordo Ortográfico da Língua Portuguesa de 2009.

Dados Internacionais de Catalogação na Publicação (CIP)
(BENITEZ Catalogação Ass. Editorial, MS, Brasil)

P284j
1.ed. Paschoal, Marcio
João Antônio e os BeeGees / Marcio Paschoal. – 1.ed. – Rio de Janeiro : Faria e Silva, 2024.
144 p.; 13,5 x 20,5 cm.

ISBN 978-65-6025-008-6

1. Romance brasileiro. I. Título.

06-2024/152 CDD B869.3

Índice para catálogo sistemático:
1. Romances : Literatura brasileira B869.3
Aline Graziele Benitez – Bibliotecária – CRB-1/3129

Faria e Silva é uma Editora do Grupo Editorial Alta Books

Produção Editorial: Grupo Editorial Alta Books
Diretor Editorial: Anderson Vieira
Editor da Obra: Rodrigo Faria e Silva
Vendas Governamentais: Cristiane Mutüs
Gerência Comercial: Claudio Lima

Produtora Editorial: Milena Soares
Revisão: Carol Colffield; Paulo Aragão
Projeto Gráfico e Diagramação: Aurélio Corrêa
Capa: Karma Brandão

ALTA BOOKS
GRUPO EDITORIAL

Rua Viúva Cláudio, 291 – Bairro Industrial do Jacaré
CEP: 20.970-031 – Rio de Janeiro (RJ)
Tels.: (21) 3278-8069 / 3278-8419
www.altabooks.com.br – altabooks@altabooks.com.br
Ouvidoria: ouvidoria@altabooks.com.br

Editora **afiliada à:**

ASSOCIADO

COBERTURA 702

Uma tarde igual a tantas outras, 31 de outubro de 1996. Fazia quase um mês que ele sumira. Os amigos e a família mostravam preocupação. De acordo com o irmão, ele costumava agir assim de vez em quando, embora esse silêncio prolongado estivesse causando estranheza, mesmo se tratando de um cara excêntrico como ele.

Em Copacabana, na Praça Serzedelo Correia, os moradores do edifício número 15A começaram a sentir o mau cheiro que vinha da janela do apartamento do sétimo andar, cobertura 702. Depois de tocarem com insistência a campainha e baterem à porta, a polícia foi finalmente chamada.

Após o arrombamento, a delegada da 12ª DP de Copacabana pôde constatar o óbito. O cadáver de um homem branco, aparentando sessenta anos, camiseta velha, um jogging surrado, pés descalços e deitado sobre a cama de um dos quartos, encontrava-se em adiantado estado de putrefação. Como a janela estivesse aberta, alguns pombos haviam entrado, enquanto as moscas se amontoavam sobre o corpo em decomposição. Até na hora da morte, ele fugia da rotina e passava a sensação de que morrera sem ter morrido como de costume, igual a uma cena inacabada de um filme de terror.

Mais tarde, com o reconhecimento da família, a imprensa notificou o falecimento do escritor sumido. Os peritos confirmaram sua morte ocorrida há mais de vinte dias. Na funerária, antes do enterro, havia alguns esquifes dispostos juntos ao do escritor. Os familiares reconheceram o caixão dele pelo forte odor, já que seu corpo estava em processo de esqueletização. Nada mais importava ou chocava, o que sobrara era espiritual.

Se ele ainda estivesse vivo, iria se sentir menos sozinho e abandonado. Era um autor que focalizava as histórias da periferia da cidade, sofredora de sempre com a segregação social. Uma de suas questões: denunciar na sua literatura marginal todos os possíveis marginais. O escritor era do tipo que amava ou odiava com igual intensidade, não fazendo concessões. Quem pudesse conviver com ele e entender seu jeito estranho e peculiar, certamente viveria dando menos valor aos patetismos da vida.

LAVÍNIA

— Hoje à tarde vou estar em casa, sozinha.

Lavínia tinha péssimas intenções. Seu casamento andava em crise, me confidenciara. Lavínia tinha um corpaço, eu não ia desprezar.

Duas da tarde, lá estava eu. Razoavelmente bem vestido e de banho tomado. Perfume, não. Melhor cheiro de sabonete. Lavínia abriu a porta, de camisola curta, cabelos presos. Linda de morrer. Foi tudo muito rápido e previsível. Ela colocou uma música lenta e me chamou para dançar. Eram os Bee Gees. *Massachusetts.* Alguns passos de dança desajeitados e um beijo de língua. Mãos nos peitos, roupas arrancadas e ali mesmo trepamos, no tapete da sala.

— Tem certeza de que seu marido não vai aparecer?

— Esquece isso, continua, gostoso...

Aquele "gostoso" me animou. Sou movido a incentivos. Fiquei excitado. Mais depressa do que o meu normal. Na certa, Lavínia havia esperado por mais ação e o meu gozo precoce deve tê-la deixado decepcionada. Puta. Eu até poderia me justificar: além da sensação de perigo, havia a desculpa universal da primeira vez, quando o tesão é incontrolável. Ainda assim, Lavínia não se queixou.

— Vou no banheiro e volto já, gostoso.

Agora não sabia se aquele "gostoso" era irônico. Coloquei a cueca e subi as calças. Tinha acabado de me ajeitar quando ouvi barulho de chave na porta. Entrava alguém. Era o marido traído que me olhava, surpreso, no meio da sala. Ao fundo os Bee Gees, *To Love Somebody*.

— Quem é você?

Fiquei sem resposta. Melhor calado que gago. Hesitei o suficiente para ficarmos os dois constrangidos.

— Vim ver a Lavínia!

Menos mal que não respondi, sincero: "Vim comer a Lavínia"...

Ao escutar a voz do marido, Lavínia já chegava na sala com a desculpa pronta.

— Este é o rapaz que veio ver o nosso computador.

— Ué, ele está ruim?

— Pois é, era eu que não estava sabendo ligar. Vergonha...

Eu só queria sumir. O marido traído fez cara de incrédulo. Lavínia prosseguiu, com a naturalidade de quem não havia cometido nenhum deslize.

— Aproveita que você chegou e paga o rapaz. Quanto foi mesmo o serviço, moço?

Inacreditável. Ainda ia receber grana. Entrei no clima.

— Foi nada, não — respondi. — Servicinho à toa...

Sempre fui modesto e tenho autocrítica, faltou-me coragem para cobrar pelo trabalho. Era demais. Mas o marido insistia.

— Faço questão, trabalho é trabalho.

Lavínia ainda comentou que combinara vinte pratas a visita...

Agradeci, guardei o dinheiro e saí calado, ainda com as pernas trêmulas.

Enquanto ia pela calçada, tentava entender. Já perto da esquina, avistei Reinaldo Caveirinha, velho amigo, tomando uma gelada no bar Café Benfica.

— Rapaz, você não vai acreditar...

Reinaldo ouviu a história meio descrente, dando uns goles e achando engraçado. Penso que não acreditou numa palavra. Eu também não me levaria a sério. Conversa de bar. Deve ter imaginado que eu havia inventado aquilo só para bancar o fodão, mas que, no fundo, não comia ninguém. Eu, se ouvisse aquela história de outro, também acharia.

Como Reinaldo sabia da minha vontade de ser escritor, mudou de assunto e me falou de um autor que aparecia sempre no banco. Reinaldo Caveirinha era caixa do Banco do Brasil.

— Como é o nome dele?

Quando ele me disse que era um tal de João Antônio, minhas pernas, que haviam parado de tremer há pouco, recomeçaram a bambear.

— O quê!? João Antônio, o do *Malagueta, Perus e Bacanaço*?

Reinaldo nunca tinha lido um livro dele, só sabia que era conhecido. Os meus amigos do Café Benfica me consideravam o "intelectual" da turma. Puro deboche. Ainda assim, eu gostava. Ou fingia gostar. No Benfica tinha de tudo: pessoas cultas, indigentes, solitários, solteiros, casados, chatos, ricos, pobres, a maioria bêbada ou atrás de um porre. Além de encher a cara de vez em quando, eu também almejava me tornar um autor renomado. Do calibre de João Antônio. Ele era foda; eu tinha lido dois livros dele: além de *Malagueta...*, um outro de contos, *Leão de Chácara*. Um cara que escrevia sobre marginalidades de um jeito que levava a gente a querer se tornar outsider, de alguma forma. O submundo que ele mostrava festejava a periferia, glorificava as prostitutas, salvaguardava biscateiros, mendigos, bichas, pivetes, gente dos botecos e favelas. Eu, particularmente, me identificava com os tais malandros da sinuca. Malagueta era um sinuqueiro desses, malabarista do jogo da vida.

— Malagueta, jogador de sinuca? Nunca ouvi falar...

Não importava, eu tinha a exata noção de quem era João Antônio, modelo de autor rebelde, desvinculado dessa máfia malsã de literatos, um fora da lei, proscrito da escrita, Charles Anjo 45 das letras... E que coincidência, o cara ali, perto de mim, correntista da agência do Banco do Brasil. Ainda brinquei com Caveirinha:

— Pra você, o João Antônio é só um correntista, para mim, o maior contista.

Pedi-lhe para ser apresentado a ele. Implorei. Como eu poderia fazer para falar com ele?

— Você não tem algumas histórias escritas? Tira uma cópia, me dá que eu levo pro banco, para quando ele aparecer por lá.

Quem sabe o João visse em mim um novo talento. Depois da trepada com Lavínia, já estava acreditando em tudo. Até mesmo que consertava computadores.

Chegando em casa, recado da Lavínia: que eu voltasse lá amanhã, o computador voltara a apresentar defeito. Mulher insaciável, maquiavélica. Ou melhor, somente maquiavélica, não poderia estar saciada com a nossa transa rapidinha, duração de uma ou duas músicas dos Bee Gees.

Não tinha cabeça agora para ela. Foco na preparação dos textos, para o Caveirinha mostrar ao João.

Tive a ideia de escrever um especialmente para ele, que falasse da corriola da sinuca e da periferia. A dificuldade era minha falta de intimidade com o jogo. Jogava mal, inclusive. Nenhuma paciência para ficar a mirar aquelas bolas. Era o rei das quinas, não entrava uma na caçapa. Talvez escrevesse sobre um jogador horroroso que contava com a ajuda de um anjo da guarda. Isso. Mistura de marginal e místico. O problema era João Antônio não ter afinidade com misticismos. Ao menos era o que eu imaginava.

O dia inteiro tentando, algumas frases boas, mas nada que me encorajasse a colocar-me à prova com João. Era mesmo uma baita responsabilidade. Novamente Lavínia me chamava, cobrando minha presença.

— Amanhã vou te esperar, gostoso. Estarei sozinha... Advinha a música que estou ouvindo agora...

Ao colocar *Massachusetts* no telefone, para que eu escutasse, me veio a certeza: Lavínia era uma tarada. Não por mim, claro, pelos Bee Gees.

AOS CUIDADOS DO SR. JOÃO ANTÔNIO

Algo me dizia para não ir encontrar Lavínia. Dei uma desculpa, prometi aparecer na outra semana. Tinha um trabalho urgente.

Lavínia não gostou, mas não reclamou. Minha cabeça agora ocupava-se com outras coisas. Meu lado escritor falava mais alto. Resolvi pegar uns contos antigos que havia escrito. Um sobre o rapaz que convidava a garota para um restaurante caro, e durante o jantar era acometido por uma brutal dor de barriga. Escatológico, embora com humor. Havia outro de um cara bêbado com fixação em dormir no meio-fio das calçadas. Esse deveria agradá-lo mais. Não pretendia mandar muita coisa e passar a imagem de verborrágico. Botei os dois contos num envelope pardo, escrito "Aos cuidados do Sr. João Antônio", e levei para o Reinaldo.

Depois de uma semana, nada de resposta. Talvez João não tivesse ido ao banco. Eu disfarçava e costumava ir sempre, final de tarde, ao Café Benfica, a fim de ver se o Caveirinha aparecia. Nada. Quem ligou foi Lavínia. Dizia ter passado a semana sonhando com nosso encontro. Por causa disso se masturbava todas as noites. Enquanto falava, ia fornecendo detalhes. Claro que me excitei. Perguntei pelo marido. Tinha viajado a negócios. Lavínia insistia no convite para eu ir a sua casa. A oportunidade era única. Eu também sabia que uma mulher bonita rejeitada podia se transformar em perigo iminente. E perigosa como era a Lavínia... Melhor aceitar. Também não havia nada de bom para fazer naquela tarde.

A trepada foi ótima. Nem me ocorreu a possibilidade de o marido dela aparecer antes do previsto. Os Bee Gees também não deram as caras. Dessa vez demorei para gozar, melhorando a minha imagem. Talvez o problema fosse a música deles. Modéstia sexual de lado, havia o risco de Lavínia me levar a sério, e eu sabia da trágica mistura de mulher bonita, maluca e casada se apaixonar por você. Nem pensar.

Pensava, isso sim, em João Antônio. Aquela espera angustiante não me saía da cabeça. Decidi. Não aguentava mais a ansiedade e, sem maiores explicações, saí direto da casa da Lavínia para o banco, antes que fechasse. Lavínia não entendeu nada, e minha retirada súbita, com certeza, a deixou encafifada. E ofendida, certamente. Foda-se.

Era um dia daqueles no banco, começo de mês, filas enormes, gente chiando. Do caixa, Reinaldo acenou e avisou que não teria como conversar. Quem sabe, mais tarde no Benfica.

Andei por ali perto, a fim de fazer hora. Não pretendia voltar para casa. Morava com minha mãe num dois quartos pequeno e dependências. Eu ficava nas dependências, combinando comigo, dependente. O quarto de empregada me servia de suíte. Chinfrim, mas suíte. E com banheiro privativo: além da privada, chuveiro elétrico no box apertado, cortina de plástico, pia, copo para escova e pasta de dentes, e um espelho na parede; sobre a caixa da descarga eu colocava a loção pós-barba, aparelho de barbear, desodorante e outros trecos.

Há quase um ano desempregado, ainda que arrumasse trabalho não daria para aluguel, luz, gás, essas coisas. Não podia reclamar, minha mãe não me enchia o saco diariamente. Escolhia alguns dias. Com sorte passava até duas semanas sem me aborrecer.

O espaço era mínimo, mal cabia a cama de solteiro e uma mesinha lateral que eu aproveitava para empilhar discos, livros e outros objetos. Chamava de torre. Minha mãe implicava com a torre. Discutíamos bastante sobre isso. Ela não entendia de arquitetura de sobrevivência. Contudo, a torre seguia se mantendo, nalguns dias diminuía, noutros agigantava-se. Não havia janela, apenas um basculante em cima, que dava para as escadas do prédio. Volta e meia ouvia pessoas subindo ou descendo os degraus e tentava adivinhar-lhes a aparência, se eram conhecidos ou não, se estavam ali porque tinham pressa, se o elevador parara, se fugiam de alguém ou de algo. Enfim, um passatempo para as minhas horas de tédio, as quais, em certos dias, costumavam se alongar.

Perto das seis, dirigi-me ao Café Benfica. Reinaldo já estava por lá e conversava com um senhor. Ao me aproximar, pude reparar que o senhor parecia com o João. Parecia-se tanto que era mesmo ele. Reinaldo me puxou e apresentou.

— Olha, João Antônio, é este o meu amigo que te falei...

Minhas pernas bambas, o coração batendo acelerado. Não queria transparecer meu quase pânico. Busquei o controle, os disfarces da insegurança e até me insinuei, quase *blasé*.

— Oi, João, tudo bem?

Faltou dar-lhe tapinha nas costas. João apertou a minha mão e sorriu.

— João nem para a família e os íntimos. Meu nome é João Antônio, circunflexado.

Onde enfiar minha cara? Se pudesse, sumia. Ainda bem que Reinaldo começou a rir, como se adivinhasse minha aflição.

— Ele sempre fala isso. Com todo mundo...

João Antônio emendou, explicando que depois do Garrincha, João deixou de ser nome próprio para virar sinônimo de otário e zé-mané. Depois dele, João sozinho virou xingamento.

Todos rimos. Dali para a frente, João desacompanhado morreria, somente João Antônio ou João com alguma distinção. Grande João, mestre João, velho João...

O papo continuou sobre economia, futebol, a guerra do Golfo, a morte do Gonzaguinha, o presidente Collor assinando decretos... João revelou-se desiludido com os resultados da abertura democrática. Via um povo que antes era sofrido e solidário converter-se numa opressiva massa de consumismo deslumbrado.

Eu saboreava o pensamento e aquela verve de escritor. Ele era um craque. O tempo passava e eu não conseguia dizer nada inteligente ou interessante, somente concordava. João, especialmente, esculhambava os políticos:

— Uma cambada de ratatuias, corja de imbecis canalhocratas.

Eu acrescentei "...bons filhos da puta". João gostou:

— Isso, cornos filhos da puta!

A essa altura esforçava-me para parecer natural. Reinaldo conversava com um igual, parceiro de bar. De fato, o João, ou melhor o João Antônio, era bem isso para ele. Nada mais. Como ele conseguia? Houve um momento em que, olhando para João, pus-me a imaginar a pessoa, separada do grande autor: baixinho, cara de turco de armazém, nenhuma pose. No entanto, havia nele uma espécie de aura, algo que se destacava, se impunha.

Reinaldo, estranhando meu silêncio, tentou consertar.

— E aí, futuro escritor, não fala nada?

Eu bem achava que escritores não eram de falar. Escreviam. João imediatamente me contradisse e prosseguia, entre um gole e outro na bebida:

— Vivemos um tempo de anestesias. Os jovens, principalmente, parecem ainda proibidos de pensar. Foram anos de censura perversa, isso tem um preço.

Eu me mantinha quieto, ouvindo. Queria dizer que nas últimas eleições não havia me animado com os candidatos. Preferia o Brizola. Roberto Freire, simplório e radical; os da direita, Covas, Afif, fora do páreo, e Collor, nunca. Eu havia votado em Lula mais para não ver Collor ganhar. Foi inútil. Reinaldo Caveirinha, bem solto com tanta cerveja, veio com o lugar-comum de não se discutir política. João não perdoou.

— Somos seres políticos, nosso ato de viver, incluindo tomar essa pinga já é um ato político. No fundo todo pé inchado é um alcoolizado politizado...

— Um brinde a isso! — aproveitei.

— Um brinde aos escritores! — Reinaldo propôs.

— Um brinde aos merdunchos da vida! — João atalhou. — Com exceções, o que mais há são zé-bostas espalhados, artistas quiquiriquis e sambudos. Es-

crever é sina, paixão dos capetas. Não é pra qualquer pé-queimado.

Sorri amarelo. Seria eu um merduncho? Um pé-queimado da vida? Avisei que ia ao banheiro. Na verdade, intencionava ganhar tempo, pensar alguma coisa, sumir. Banheiro fedendo forte a urina, abafado. Enquanto mijava, aquilo me martelava a cabeça. Quiquiriqui e sambudo não deviam ser coisa boa. Eu não ia ser um escritor zé-bosta. Quiquiriqui é o caralho! João Antônio podia ser genial, porra, mas não podia ficar menosprezando, cagando regras. Gente que sonhava escrever e ser famoso, que mal tinha? Ele não começara assim um dia? Enquanto pensava em algo impactante para lhe devolver, não percebi que passara tempo demais ali. Quando retornei, o pior: Reinaldo Caveirinha estava conversando com outros amigos e não se via mais o João.

— Cadê o João Antônio?

— Teve de sair.

— Como assim? E os meus contos, você entregou pra ele?

— Rapaz, esqueci.

— Como esqueceu, Caveira?

— Ficamos bebendo, esqueci, cacete. Não esquenta, ele disse que ia passar amanhã no banco.

Fingi não estar puto da vida. Naquele começo de noite terminei bebendo além do costume. Voltei para casa com a certeza de que, se dependesse do Caveira e do João Antônio, minha carreira de escritor começaria a ficar ameaçada. Eu, um reles merduncho...

Dia seguinte, liguei para o Caveira. Como esperado, João passara pelo banco e tinha levado o envelope com os contos. Ainda bem. Agora era aguardar.

Lavínia não ligou mais. Deve ter ficado puta com aquela minha saída relâmpago. Contudo, permanecia um contrassenso: fodia-se mal e agradava-se, fodia-se bem e esse era o resultado... Melhor assim, mulher casada é negócio de risco. Dá merda sempre, custa, mas no final dá. Que ela ficasse com seus sonhos eróticos, seu casamento de bosta e Bee Gees idem.

Os dias arrastados. Não tinha mais encontrado o Reinaldo Caveira no Benfica. Fazia força para esquecer que talvez João Antônio não tivesse lido meus contos. A vida seguia.

Tomei coragem, liguei para o banco e marquei um chope com o Reinaldo. O Benfica estava mais cheio. Devia ser o tempo. Quando vinha o calor, a turma ganhava justificativa para a cerveja. Evitei falar logo sobre João, a fim de não parecer puro interesse. Disfarcei tanto que Reinaldo já se despedia quando perguntei como João tinha reagido ao receber o envelope.

— Nada demais — ele respondeu. — Falei que eram seus, pegou o envelope e saiu.

Mais tarde, em casa, dei vazão às hipóteses: primeira, a de João ler imediatamente e se entusiasmar; segunda, a de guardar o envelope numa gaveta para ler com calma, e levar semanas; terceira — a que mais temia —, concluir que se tratava de mais um autor zé-bosta e quiquiriqui, nem abrir e jogar no lixo.

O pouco contato com João não me impediu de perceber suas variações de comportamento, instantes eufóricos e de abatimento alternados. Eu contava com que ele lesse o meu texto num momento de certa euforia.

Teca e os coelhos

Conheci Ana Teresa, a Teca, numa boate em Copacabana. Nem era uma boate, mais para barzinho escuro com lugar para dança no andar superior. Teca parecia uma menina bacana. Estudara Direito dois anos e largara para fazer dança. Corajosa e maluca, na hora pensei. Tinha olhos claros e pele branca que brilhava. Dançamos e, no final, com uma canção mais lenta, talvez um bolero, beijo na boca. Teca beijava gostoso. Bom sinal. O que mais me chamou a atenção foi ela gemer enquanto beijava. Nunca tinha visto, ou melhor, escutado. Não costumava me excitar enquanto dançava. Uma coisa instintiva: ou bem dançava-se ou bem ficava-se de pau duro. Mas com Teca aconteceu. Acho que ela percebeu e gostou. Mais danças, beijos e conversa fiada. Fim de noite, deixei-a em casa, morava perto, e marcamos uma praia para o dia seguinte. Domingo. Antes de ir embora, ali mesmo na portaria do prédio, uns três minutos de beijo gemido na boca.

O domingo amanheceu nublado. Começou a chover, praia com Teca já era. Voltei para a cama e resolvi ler algo do João. Vai que ele resolve falar comigo, teria assunto. Achei um conto que gostei especialmente, mais por identificação: *Afinação da arte de chutar tampinhas*. Identificação por abordar uma espécie de transtorno obsessivo, e também pelo personagem se encontrar sob pressão. O narrador é um cara tranquilo, só quer saber de ouvir Noel Rosa e aprimorar-se nos chutes às tampinhas das calçadas ("...é doce chutá-las bem baixo, para subirem e demorarem no ar..."). O cara repassa sua vida, a inadequação ao serviço militar, o trabalho maçante e a mulher querendo casar. Os chutes traduzem uma alegoria à arte do frugal e fundamental, num controverso revezamento presente/passado. Depois de lê-lo, fui tomado por um indisfarçável desejo de chutar tampinhas e tudo mais que encontrasse pelo caminho.

Quarta-feira. Nenhuma novidade por parte do João. Resolvi ligar para Teca. A menina tinha uma conversa divertida. Era de Petrópolis, morava com a avó aqui no Rio. Por sinal, naquela tarde, vovó não estava em casa e lá fui eu para lá, disposto a prosseguir com os chupões de Teca. E, claro, seus gemidos.

O apartamento da avó de Teca era cheio de móveis. Mal dava para andar. Era como se entrássemos num guarda-móveis lotado. Teca foi logo me conduzindo ao seu quarto. Quando abriu a porta, a surpresa: um coelho pulou na nossa frente. Era o caçula de uma família de mais oito coelhos. Ela cuidava dos bichos que eram o xodó da avó. A coisa toda havia começado com um casal, e vovó não conseguia se livrar deles, acabara se apegando.

— Estão escondidos por aí. São umas gracinhas. Todos têm nome, quer ver?

Não, não queria. Queria sexo. Para mim todos poderiam se chamar Pernalonga. Fingi paciência e Teca foi falando o nome de cada um, como se me apresentasse a eles. Com insistência, fez-me pegar um no colo. Enquanto disfarçava, falsamente acariciando a cabeça do bichinho, imaginava um festival de *lapins au vin*... Mas não lhe disse, óbvio.

Passado o introito com os coelhos, passamos ao sexo, meu real interesse. Teca era um vulcão, se já gemia com beijos, calcule o resto. Só me incomodei com alguns coelhos que pareciam nos espionar. Ainda comentei com Teca que estávamos ali dando mau exemplo aos bichinhos.

Depois da transa, recostado na cama de Teca, acendi um cigarro e fui pensando na vida. Os coelhos, talvez com mais intimidade agora, saltavam de um lado ao outro. Lembrei dos pássaros de Hitchcock. E se eles resolvessem atacar? Por cautela, decidi pôr a roupa. Um homem pelado sente-se indefeso. Teca estranhou, mas também se vestiu. Despedi-me. A vovó dos coelhos poderia chegar a qualquer instante. Marcamos encontro para o fim de semana. Dali para a frente, sexo com Teca somente num motel. Estranhamente, na saída, ela não me beijou na boca. Podia ser um indício.

YOKO DO AMAPÁ

Quinta de manhã. Atendi ao telefone. Uma voz rouca e grave. Era o João marcando encontro no Benfica.

— Claro, João Antônio, combinado, chego lá às sete.

Desliguei e só depois me dei conta de com quem havia falado. Era o João Antônio! Ele tinha me ligado e queria falar comigo! Na hora me veio uma dor de barriga. Colite nervosa. Era assim, nos momentos de emoção ou tensão eu sofria com cólicas intermitentes.

Após o almoço, contando as horas, revezava-me entre o quarto e o banheiro. O tempo passava arrastado. Seis e quinze, e eu já estava pronto. Rumo ao Benfica, não podia me atrasar. Antes de sair de casa, ainda senti uma pontada da dor de barriga somática. Porém, nada me deteria. Literalmente, merda nenhuma, pensei, já me sentindo espirituoso.

O Benfica quase vazio. Sete e dez. João não chegava. Antes dele, o Afonso Bigode apareceu, pimpão como sempre. E com seu vistoso bigode, claro. Afonso era um cara aparentemente de bem com a vida, falante e animado. O defeito: achar-se engraçado. Não era. Uma tragédia quando começava a contar piadas. Ele próprio ria de suas anedotas e nós acompanhávamos por comiseração. Era um chato. Sete e meia. Afonso puxava papo e, estranhamente, ainda não tinha começado a série de piadas infames. Logo depois, apareceu o Ernani. Figura misteriosa, sempre com terno e gravata cafonas, pedia uísque doze anos e deixava o carro em fila dupla, bem em frente ao bar. Carro do ano. Talvez fosse herdeiro, ladrão ou até um farsante. No Benfica, as pessoas conhecem-se pouco. Perto das oito, já no meu segundo conhaque e terceira cerveja, comecei a ficar apreensivo. E se João não viesse? Para piorar, o Afonso Bigode dava início às anedotas...

João Antônio não apareceu. Perto das onze, pedi para fechar minha conta. Meio afastado dali, Ernani conversava com uma japonesa magrinha. Eu nunca havia feito sexo com uma oriental — nem chinesa, tailandesa, cambojana ou coreana. Verdade que as orientais me atraíam, certamente por Lennon. O fato era que ainda não havia comido a minha Yoko. Nesse momento, vi Ernani deixar a japonesa, entrar em seu carro e sair. A menina parecia surpresa. Aproximei-me e puxei conversa. Ela se mostrou animada com a minha chegada. Simpática e com um sorriso tímido que encantava. Acho que tinha ido com a minha cara. Principalmente quando me ofereci para lhe pagar uma bebida. A moça entornava rápido, e o melhor, não parecia acostumada ao álcool. Já ria sem motivo e iniciava uns soluços. Eu, igual a um canalha, ia imaginando que minha noite de John Lennon finalmente poderia estar chegando...

— Posso te chamar de Yoko?

— Meu nome é Satiê.

Fechou a cara. Talvez detestasse a Yoko. Disfarcei, mudei de assunto e lhe propus um passeio pela Avenida Atlântica. Ela topou. Pedi a saideira e paguei a conta. Andamos um bocado. Satiê era do Amapá. Nissei, de pai japa e mãe manauara. Os cabelos pretos e lisos emolduravam o rosto redondo, delicado e branco. Satiê era bonita, apesar do corpo mignon. Bem mais bonita que Yoko. Tinha o segundo grau e trabalhava como vendedora de boutique. Evitou me dizer qual. Não insisti. Lembro que falamos sobre liberdade, sobre o mito de ser livre. Ninguém era livre, nem o arbítrio. Nascemos dependentes de tudo, do ar, do planeta, do sol, leite materno, trabalho, dos intestinos, de dinheiro. Acho que Satiê não se impressionou com a conversa. Mudou de assunto e confessou que adorava homens engraçados. Olhava para a minha cara e ria. Ria muito. Talvez fosse o efeito da bebida. Contou gostar de samba, pagode, Roberto Carlos, e de passar os finais de semana em Araruama. Fingi não me desapontar. Descobri que também eu estava meio bêbado, quando troquei seu nome para Saquê. Fim de linha. Satiê desculpou-se e disse que tinha de levantar cedo. Ofereci-me para levá-la à sua casa. Não quis. Agradeceu e, ligeira como uma garota nas ruas de Tóquio, entrou num táxi e sumiu. Posso imaginar os pensamentos dela: “Saquê é a puta que o pariu”. Em resumo, João tinha dado bolo e eu perdera a chance da minha primeira transa com uma oriental. Ainda que nissei, e do Amapá.

Lamentava no dia seguinte, além da ressaca, não ter ficado com o contato da pequena nissei. Lennon não teria perdido essa chance. O álcool em excesso às vezes faz isso, atrapalha. Teria de descobrir a dosagem certa; sem birita eu também não funcionava direito.

Ia assim, por ideias desconexas, e lembrei da mancada do João. Quem sabe acontecera algo e ele não pudera ir. Ficara doente, sei lá. Liguei para o Reinaldo.

— O João Antônio me ligou, marcou comigo no Benfica e não foi.

— Tô sabendo, ele passou aqui ainda há pouco. Explicou que teve um compromisso urgente, por isso não pôde ir. Mas vai te procurar.

— Ele comentou sobre meus contos?

— Nada.

Desliguei com uma sensação de vazio. Decidi escrever sobre isso e seguir o conselho do próprio João: gramar sobre o papel. Acho que foi a primeira vez que saquei que escrever era mais que deleite; escrever trazia sofrimento, frustração, abnegação, raiva, sangue metafórico na folha de papel...

Quase duas da madrugada e eu colocava um ponto final no conto cujo título, *A Yoko do Amapá*, descrevia uma parte da minha noite anterior, aquilo que conseguia ou queria recordar. Se encontrasse com o João, poderia lhe mostrar.

João Antônio não ligou naquela semana. Nem na outra.

Nesses dias, meu telefone chamava, eu atendia e ninguém respondia. Um interlocutor misterioso ou cauteloso, como se quisesse ouvir minha voz e não tivesse coragem para se identificar. Algo me dizia que era Lavínia.

Coincidência ou não, o marido da Lavínia me ligou. Seria o tal anônimo? Parecia calmo e me pedia para olhar o computador deles. Explicava que não entendia patavinas da máquina, e que Lavínia tinha me indicado, falando maravilhas de mim. Eu podia imaginar... aquela maluca.

Surpreso, respondi que sim. Depois, fiquei matutando: seria um golpe? E se ele estivesse preparando uma armadilha? Descobrira a traição da mulher e queria me pegar. Liguei de volta, aleguei falta de tempo e passei-lhe os contatos de um rapaz que entendia do assunto. Depois, dei um jeito de falar com Lavínia a fim de sondar aquela ligação estranha do marido.

— Ele é assim mesmo, amor. Vive no mundo dos negócios dele, está longe de desconfiar da gente. Cismou de aprender a mexer no computador. Como eu te elogiei, ele resolveu te chamar. Não é engraçado?

Não achei graça nenhuma. Lavínia parecia divertir-se ao trair o marido; prazer em tripudiar. O pior foi que, enquanto falava com aquela diaba, me deu tesão e vontade de voltar a vê-la. E também comê-la. Mais comê-la que revê-la. Lavínia e sua vigarice mexiam fortemente com minha libido. No entanto, era mais prudente evitar. Minha vida estava complicada o suficiente. Esqueceria Lavínia e bateria uma punheta. O mais irônico é que, naquele instante, tocava na rádio *How Deep Is Your Love*, canção dos Bee Gees. Desisti da punheta.

JÚLIA DAS COSTAS

Estava me tornando especialista em fazer e enviar currículos. Desempregado, desde o início do Plano Collor pelejava para encontrar trabalho. A cada entrevista somava-se uma decepção. Somente promessas e espera. O dinheiro no fim e minha mãe enchendo o saco com insinuações de acomodação e alienação. "Onde se viu querer ganhar a vida como escritor? Só na cabeça do filho sem cabeça". A verdade era que eu também não acreditava que seria bem-sucedido através da literatura. Com exceção de alguns eleitos e uma dúzia de autores de novelas, os literatos ou tinham outra remuneração ou eram ricos de berço. Não me interessava tanto o dinheiro, e sim o reconhecimento, o respeito, e a fama advindos. Sem contar o acesso a mulheres. Badalação e sexo me bastariam por uns bons anos. Os meus melhores, sem dúvida.

Os telefonemas anônimos recomeçaram. Agora mais frequentes e em horas inapropriadas. Minha mãe ameaçava mandar desligar o telefone. Num desses telefonemas, quando atendi e me preparava para xingar, Reinaldo Caveirinha se identificou:

— Cara, o João Antônio passou aqui no banco e deixou um convite pra você. Ele vai lançar um novo livro.

João não dera a menor atenção aos meus contos; também não iria prestigiá-lo. Rapidamente, cheguei a uma conclusão simples: pouca importância teria a minha presença. Dito de outro modo, eu não tinha nenhum prestígio para poder prestigiar alguém. Era fato. Passei no banco e peguei meu convite. O título do livro me deixou curioso, *Zicartola e que tudo mais vá pro inferno*, convite do autor e da editora Scipione, quinta-feira, a partir das sete da noite. Se não aparecesse nada melhor para fazer, eu iria.

Num canto da livraria, uma fila pequena aguardava a dedicatória do autor. Cheguei mais perto, de onde dava para avistar João. Ele parecia mais falante que no bar, embora sua fisionomia fosse de desconforto. Imaginei-me em seu lugar. Invejava estar ali, recebendo amigos e desconhecidos, conhecendo gente, mulheres bonitas, feias também. Fui interrompido com uma cutucada do Reinaldo.

— E aí, rapaz? Vamos pra fila?

— Ainda não comprei o livro.

— Vou indo, depois a gente se encontra...

Fui até o caixa para comprar meu livro. Na minha frente, uma moça com umas costas belíssimas. Certamente, com aquelas costas, devia ser linda de cair o queixo. De repente, virou-se e pude ver seu rosto e me decepcionar: meio nariguda, óculos enormes e aquele jeito de estudante de Pedagogia. Sei lá que cara poderia ter uma estudante de Pedagogia, mas foi a primeira coisa que pensei.

Não sei o motivo, mas sorri para ela, que retribuiu com um olhar de indiferença. Além de tudo, era antipática a futura pedagoga. Paguei pelo livro e dirigi-me à fila das dedicatórias. Claro, bem à minha frente, novamente aquelas costas. Passado algum tempo, sem nenhuma explicação, deu-me vontade de cheirar seus cabelos. Cheguei o mais próximo que pude. Talvez ela tenha notado ou sentido, pois logo a seguir voltou-se e me encarou. Disfarcei e me fingi de distraído, pensando em nada. Ela continuou me olhando. Para amenizar, puxei conversa.

— Você conhece o autor?

Ela manteve-se calada, desconfiada.

— O João Antônio é meu camarada.

A pedagoga, enfim, manifestou-se.

— Sério?

— Frequentamos os mesmos bares.

— Nossa...

— Inclusive, ele está com uns textos meus que devem sair no ano que vem. Ainda não decidi por qual editora...

— Puxa, que máximo!

— Pois é...

Ela se mostrou impressionada e eu não fazia a menor ideia da razão de querer impressioná-la.

— Poderia, então, dizer que está comigo e me apresentar a ele. Você faz isso pra mim?

— Deixa comigo.

E se o João não me reconhecesse? Ele me viu uma só vez no Café Benfica. Minha cara era tão comum. Todo mundo me achava parecido com alguém. Na medida em que nos aproximávamos do autor, eu ficava mais incomodado, ao passo que a moça, que já havia me dito seu nome, Júlia, mostrava-se cada vez mais excitada.

Chegava a nossa vez. Sem saída, puxei Júlia pelo braço, colocamos os dois livros sobre a mesa e me adiantei.

— Fala, João Antônio circunflexado, tudo bem por aqui?

João abaixou seus óculos, olhou-me curioso, sorriu e respondeu qualquer coisa que nem ouvi.

— Essa aqui é a Júlia, amiga minha que é sua fã.

Júlia derramou-se em elogios e os dois ficaram até bastante tempo de conversa. Tudo deu certo, recebemos nossas dedicatórias (a de Júlia, bem mais longa) e saímos juntos. Ela, alegre da vida, e eu, aliviado.

— Precisamos comemorar.

Júlia estava eufórica. Propus um bar ali por perto. Escolhi um mais escondido. Justifiquei não gostar de aglomerações, sendo do tipo contido e reservado. Júlia pareceu apreciar.

Na mesa, pedimos dois chopes e uma pizza muçarela cortada à francesa. Aproveitei para comentar que a palavra muçarela vinha do diminutivo de *mozza*, leite de vaca talhado com uma espécie de fungo chamado *mozze*. Tudo para tentar impressioná-la, ainda sem saber por que continuava agindo assim. Enquanto explicava a origem semântica do queijo, Júlia já havia terminado seu chope. Quando a pizza finalmente chegou, estávamos no quarto chope. O garçom, malandro, percebera e não deixava nem terminar; vinha outro chope. E Júlia, ali, firme, entornando, perguntava sobre a minha vida e falava sobre a dela. Para evitar surpresas, perguntei-lhe o que achava dos Bee Gees. Para ela, não fediam nem cheiravam. Ótimo sinal. Júlia não estudava Pedagogia, mas fazia faculdade de Letras. Tinha várias poesias e pensava um dia editá-las. Porém, tinha noção de que ninguém valorizava um livro de poesias. Talvez mais tarde arriscasse um romance. Só tinha a certeza de que amava a literatura e a vida. Beber chope também, pensei.

Passei a notar que, por trás daqueles óculos enormes, havia um olhar sensual pairando sobre o nariz grande. Os olhos de Júlia diziam-me algo, comecei a interessar-me por ela. E ainda havia aquelas costas...

Com os chopes seguidos, já me sentia atraído por Júlia. Forcei um beijo, devidamente recusado. Ela alegou timidez. Ainda mais num lugar público. Dada a mensagem, pedi a conta e comentei sobre um lugar onde pudéssemos nos conhecer na intimidade. Júlia reclamou do clichê, disse que já recebera cantadas mais originais. Mas aceitou. Saímos de mãos dadas, bêbados, e chamamos um táxi. Dentro do carro, tentei beijá-la. Nada. Afastou-me com delicadeza.

Quando Júlia entrou no quarto do motel, a primeira coisa que fez foi tirar os óculos e a roupa toda, deitando nua na cama. Júlia tinha seios pequenos e empinados, coxas grossas. Esqueci até de suas costas. Impressionou-me também a sua naturalidade, afinal não nos tínhamos nem beijado, mal sabíamos de nossas preferências, e ela ali, peladona. Confesso que me senti ameaçado. Fui ao banheiro para ganhar tempo, disfarçar a insegurança. Respirei fundo e retornei ao quarto, imediatamente tirando a roupa. Menos a cueca. Deitei ao seu lado.

— Não vai tirar a cueca?

Não pretendia tirar a cueca sem estar excitado. Paus moles são literalmente brochantes. Era a primeira foda com ela. A fim de não passar a imagem de amedrontado, tentei forjar despojamento e parti para cima de Júlia. Ainda de cueca. Tentei beijá-la. Imediatamente empurrou-me, girou e saltou por cima de mim, comunicando que a partir dali era ela no comando. Puxou minha cueca e não se importou com o pau meia-bomba. Ao contrário, ficou até animada. Quanto mais se esfregava, mais meu pau parecia diminuir. Júlia, agora, gemia e se mexia em cima de mim. Ainda sem reação, fingi não ouvir quando ela me pediu para latir, dizendo que eu era o cãozinho dela. Minha bebedeira logo passou, com aquela ideia de bancar o cachorro. Ainda assim, mais por insistência dela, que começava a gritar e ameaçar, ensaiei uns latidos. Ela pedia mais e mais. Segui latindo, como podia. Não demorei a ficar com o pau duro. Após seu orgasmo, Júlia caiu para o lado e deu um longo suspiro, satisfeita.

— Você foi um cãozinho obediente, viu?

Levantou-se para ir ao banheiro e quando voltou, começou a se vestir.

— Não posso demorar, querido, tenho de chegar em casa antes da minha namorada.

— Não entendi.

— Minha namorada é muito ciumenta.

Ainda sem compreender, automaticamente também me vesti. Júlia fez questão de dividir a conta. Ela não queria voltar no mesmo táxi. Tinha medo de ser vista comigo chegando em casa. Eu já sabia o motivo: os ciúmes da namorada. Concordei. Havia concordado com tudo mesmo. No meu táxi, a caminho de casa, buscava alguma explicação. Tudo estranho: deitara talvez com uma lésbica, desconhecia onde morava, enfim, nem sabia ao certo se ela se chamava Júlia. E se a sua namorada também existia...

Quase chegando em casa, lembrei das costas de Júlia. Deitado em minha cama, imaginava-me a latir algumas horas antes, com uma maluca sobre mim. Cachorrinho domesticado e amedrontado. Fiquei com uma estranha sensação de vergonha de mim mesmo.

COMEÇOS

Debruçado sobre o novo livro de João Antônio, descobria macetes na escrita do mestre. Uma de minhas dificuldades para escrever era começar. Todo início, para mim, um martírio: as palavras querendo sair, explodir, desordenadamente. Quase nada ficava bom ou me agradava. Ainda havia a incumbência de atrair o leitor nas malfadadas primeiras linhas. Uma missão complicada. João abria o capítulo sobre a casa de samba do Cartola e usava o artifício das citações numa narrativa que possuía, em sua essência, o bate-papo de sambistas e poetas para ilustrar o que ia contar.

Com licença. Vou me valer dos poetas, essa gente rara e bem topada. A filosofia, neste século, já recomendou que a essência da arte é a poesia e a essência da poesia é a instauração da verdade.

E se Mário Quintana cantou:

"Da vez primeira que me assassinaram
Perdi um jeito de sorrir que eu tinha...
Depois, de cada vez que me mataram,
Foram levando qualquer coisa minha ..."

também cantou Nelson Cavaquinho:

"Mas o sambista vive eternamente
No coração da gente"

A roda reunida no segundo pavimento do velho casarão da Rua da Carioca boquejava boatos num à-vontade macio, enquanto rolavam cachaça e cerveja gelada nos intervalos dos números musicais. Falou-se, que me lembro, de um patriarca de Madureira, vida de murros e porradas, Natal da Portela. Que teria dito:

— Você não canta mais aqui. Você é feio demais, canta feio e espanta os turistas.

Claro que era uma suposta intimação de Natal da Portela ao sambista Joãozinho da Pecadora, autor de um partido-alto proibido pela censura que dizia:

"Foi mulher de deputado
Pouco antes de ser minha
De autores laureados
E de um oficial da Marinha"

Natal surpreendia os distraídos e bisonhos, inda mais nas entrevistas. Numa delas, por aquele tempo, lhe perguntaram como é que se sentia como bicheiro. Contraventor do jogo do bicho. Ele bateu:

— O samba deve muito à minha profissão, e se eu quisesse ser senador da República teria sido.

Esse lero assim aceso, sapecado de picardia, catimbado, corria nas noites do Zicartola, casa de samba da Rua da Carioca, chamado "Templo do Samba" nos cinco primeiros anos da década de sessenta.

O Zicartola era lugar de música e encontros fantásticos. João o definia com classe e interpunha seu estilo. Se voltasse a encontrá-lo, comentaria isso. Sua originalidade me cativava.

Inspirado pelo começo incrível do livro do João, eu me animei para iniciar um conto. A história iria mostrar um candidato a escritor, impactado com o livro de um colega, que não conseguia se livrar de sua influência. Tudo que escrevia lembrava o que havia lido, numa espécie de eterna repetição de plágios, inconscientes ou não. Minha ideia era contrapor o meu alter ego com o estilo característico do João. Pretensioso, tentava copiá-lo, passeando pelo lícito e pelo ilícito.

Sem saber do meu discutível processo criativo, minha mãe insistia, "Você, meu filho, não termina nada, começa um curso e para, entra num trabalho e para, inicia um namoro e para, você não dá continuidade a nada na vida."

Isso, continuidade. Talvez ela estivesse certa, faltava-me isso. Não ia desistir de continuar até o fim do conto, ficasse bom ou não.

O SEXO-REALIDADE

— Oi, gostoso, quanto tempo!

— Lavínia?!

— Em carne e osso, querido.

— Bem mais carne, eu diria...

— Nem sei por que ainda te ligo.

— Vai ver, você sente falta de sexo comigo.

— Tenho coisas mais importantes na minha vida, meu bem.

— Posso imaginar...

— Você não sabe de nada. Nem adivinha.

Não adivinhava, mas Lavínia ia me contando. Tinha se separado do marido, morava ainda no mesmo lugar, perdera alguns quilos, pintara o cabelo, devia continuar gostando dos Bee Gees, e sua voz rouca continuava me deixando louco. Não demorou para irmos direto ao assunto: prazer. Era o nosso real interesse, nosso *start up*, fogo mútuo, carnal.

— Por que você não vem logo pra cá?

Fui, beijei, comi e saí. Admito que foi uma coisa um tanto animalesca. Manhã seguinte, recebi um telefonema de Lavínia. Ela não estava de bom humor. Disse-me atrocidades e, acho, algumas verdades, mais parecia uma metralhadora: "Você se imagina um canalha, porém não passa de um idiota... Pensa que está no controle, que dita as regras. Você usa seu sexo chinfrim para tentar resolver sentimentos. Transar funciona pra você como válvula de escape... Quer saber? Seu problema não é sexo, seu problema é a realidade."

Desligou sem me dar chance de resposta. Lavínia devia estar ressentida. Imagina se eu ia fugir da realidade através do sexo? E se fosse, melhor para mim enquanto o pau subisse. Ela também não servia de exemplo, também procurava escape no sexo, a não ser que fossem fingidos os orgasmos. Não me considero uma pessoa com fixação sexual. Penso em tanta coisa quando não estou pensando em sexo. E se for mesmo adicto, melhor que droga, álcool, remédios, comida. Verdade que ultimamente tenho me masturbado bastante. Para mim o onanismo soa mais como uma ideia de desperdício do que propriamente vergonha ou remorso de cunho religioso.

As agressões de Lavínia ainda me incomodavam, porém não cogitava revidar. Minha onda atual era a paz. Não sofria pelos cantos, não imaginava dores de cotovelo ou paixões sem freios. Acho que, no fundo, não amadurecia por puro medo. Preferia o temor às responsabilidades. Já me acostumara a temer: medo de envelhecer, medo da morte, medo de brochar, medo, medos. Lavínia podia ter razão, eu vivia fugindo da realidade, só queria a tranquilidade e continuar feliz, alienado e sexualmente reativo. E sem ouvir Bee Gees.

Uma semana depois e ainda me questionava. Seria minha mania de sexo um desvio? Nem precisava de análise para saber que eu andava estranho. Melhor esquecer a Lavínia. Mais uns dias e ela ia me chamar, pedindo desculpas e querendo trepar. Questão de tempo.

Minha mãe não podia estar mais chata. É certo que por sua causa eu existia, posto neste mundo, bem parido, embora não fosse simpático ela viver repetindo isso. Toda mãe deveria respeitar alguns limites, notadamente na hora dos conselhos, palpites e ameaças. A todo momento, mamãe invadia o quarto com a mesma cantilena de que eu era acomodado, tinha de trabalhar, preencher meu tempo útil, esquecer essa história de escritor e blá-blá-blá... Qualquer coisa que dava errado, ela vinha com seu fatídico, *"eu não te avisei?"*. Naquela casa, a verdade pertencia a uma única dona: minha estimada mãe. Esquecia-se de seus erros, ainda que me incluísse na lista, claro. Mas, se eu fosse assim tão ruim, teria a quem puxar. Evidente. Talvez até me espelhasse em seu exemplo e fosse tão acomodado por sua causa. Não fora ela que me acostumara (ou induzira) a tantos favorecimentos? Mimado e deixado sem estímulos, com certeza. Sentia falta de um irmão, de preferência mais velho. Às vezes me via sobrecarregado. Uma saída era mamãe arrumar um homem, uma paixão tardia, distração qualquer para não ficar insistindo e me repetindo, *"eu não te avisei?"*.

Nos dias de hoje, gosto de ficar sozinho no meu quarto. Sem ouvir a voz humana. Nem precisa ser no escuro, meia-luz basta. Deve ter relação com amor próprio, narcísico e necessário. Apesar de todas as incertezas e decepções seguidas, ainda curto a minha companhia.

Fazia um tempo que não ia ao Benfica encher a cara. Havia uma pessoa com quem eu gostava de trocar umas ideias: o Albertino, um dos donos do bar, português de Leiria, inteligente, com bom papo e sotaque. Tinha curiosidade por piadas de português, torcia pelo Sporting, não gostava de fado e vivia com um pano de prato pendurado no ombro. Seu Albertino tinha o hábito de aconselhar os clientes e bebuns. Certa vez, me disse que devíamos dar valor aos sonhos mais do que às despesas. Ele alardeava que a humanidade não se aguentaria por mais um século. Uma bomba, um vírus letal, um cataclismo, o apocalipse para breve. "O que mais nos falta é amor ao próximo", lastimava. Para ele, o calor humano fazia toda a diferença. Vai ver por isso seu bar não tinha nem ventilador de teto. Seu Albertino ponderava: "Queixam-se do calor e não reclamam do sol na praia." Para ele, o importante era a consciência: "De que vale o ar condicionado se tu não tens a consciência calma? Por isso que todos andam atrás de psicólogos, macumbeiros, padres e bispos." Seu Albertino era um idealista de boteco. E um sovina, por essência. Decidi ir à noite ao Benfica e ouvir algum conselho novo do Albertino. Faltava-me calor humano.

Chegando ao bar, soube que era dia de folga do Albertino. Pedi desanimado uma cerveja, e me encostei no balcão, observando as pessoas na calçada: um gordinho esbaforido tentando acompanhar o passo de sua mulher, cujo semblante indicava contrariedade; depois uma menina bonita de corpo, com calça jeans marcando a bunda. De repente, um guardador de carros vindo para o meu lado e pedindo uma dose de branquinha, logo retornando à lida. Do outro lado, atravessando a rua, vinha o Reinaldo Caveirinha.

— E aí, meu escritor, como vai?

— Sem grandes novidades, Caveira...

— Eu tenho uma excelente pra ti: o João Antônio passou lá no banco, elogiando teu texto e falando que você tem futuro.

Na hora fingi não ligar. Já me via com pose de literato consagrado. Caveirinha pediu uma gelada, uma porção de queijo branco com orégano, e prosseguiu.

— Até me pediu pra te avisar para telefonar para ele.

Não consegui disfarçar o orgulho. Tratava-se de João Antônio, não de qualquer um, o criador de *Malagueta, Leão de Chácara, Casa de Loucos, Meninão do Caixote*... De longe, o autor nacional com quem mais me identificava. Um outsider genial. Eu me imaginava um fora da lei também, mas era um rebelde por nada, fingindo desprezar a burguesia, acreditando nas flores e em Gandhi, no Leonel Brizola e em manifestos de Marx. Tinha a ideia, então, de me tornar um escritor debochado tipo Bukowski, antissocial como Genet, recluso como Trevisan.

No fundo, sabia que não tinha estilo, nem gostava da maior parte do que escrevia, duvidando em sigilo do meu possível talento. Consolava-me Sabino: inspiração com transpiração. Ao menos eu adorava ler e compreendia os anônimos vocacionais ou os que valorizavam o anonimato, embora não fosse o meu caso. Pena meu dom de escrita não se equiparar à vontade de ser elevado ao status de celebridade literária. Bem, um passo de cada vez, um tombo seguido do outro. Primeiramente, ligar para o João Antônio.

A RUIVA DA AMNÉSIA

Diante do aparelho de telefone, eu ensaiava o que falar: "Alô, João! Tudo bem?" João, não, que ele não gosta. "Alô, João Antônio, tudo bem? O Reinaldo me disse que você queria falar comigo..."

Liguei umas três vezes. Ninguém atendeu, ele devia ter saído. Será que o Reinaldo tinha me dado o número certo? Mais para a noite, consegui falar. De início, custou a me reconhecer, aos poucos, foi lembrando, acho. Combinamos nos encontrar num restaurante quase na esquina da casa dele.

Contei as horas. Cheguei quinze minutos antes do combinado. Para meu desapontamento, foi tudo ligeiro. Ele chegou, chamou o garçom e pediu uma pizza gigante e chope. Devolveu-me os originais e apontou algumas incoerências. Disse ser natural e que eu devia persistir, tentar escrever algo mais denso. Indicou-me dois autores russos de quem eu nunca tinha ouvido falar: Turguêniev e Babel. Dos brasileiros, uma leitura fundamental, Lima Barreto, dos mais injustiçados da nossa literatura, garantiu. Falei que Aluísio Azevedo também era, mas João não deu bola. Outro: o paulista Alcântara Machado. Assim que eu tivesse escrito alguma coisa nova, o procurasse. Estava com pressa, bebeu o chope de um gole, engoliu metade da pizza, pediu ao garçom para colocar a outra metade na quentinha. Despediu-se e saiu.

Ainda me recuperando, paguei a conta. Havia levado um exemplar antigo de *Malagueta, Perus e Bacanaço* para ele autografar.

— Eu estava atrás dessa edição. Posso ficar com este? Depois te dou um outro, mais novo. Tudo bem?

Não tive como negar. Queria uma dedicatória no livro e acabei sem ele. Foi meio indelicado. Avisei que tinha alguns rabiscos e anotações. Não importava, levou-o mesmo assim. Paciência.

Dormi tentando imaginar como seria escrever alguma coisa mais densa e quem seriam aqueles autores russos. Somente conhecia Dostoiévski e seu personagem Raskólnikov, de *Crime e Castigo*, a cujo tema eu sempre recorria em conversas de bar: a autodescoberta mediante a culpa e as justificativas para delitos possíveis. Bem a minha cara.

Dia seguinte, à tarde, no sebo da rua da Constituição, procurei pelas indicações de João. Seu Camilo, o dono, não lembrava de Turguêniev. Isaac Babel já tivera um por lá, mas no momento estava sem. Do Lima Barreto, um bem conservado *Recordações do Escrivão Isaías Caminha*, editora Ática, 1990. Acabei levando um mais barato, uma edição da Brasiliense de *Clara dos Anjos*, história da mulata que um dia se apaixonou por um malandro, e sua vida se fodeu toda.

Fiquei matutando sobre a predileção de João Antônio por Lima Barreto. Penso que João simpatizava com Lima pelas semelhanças com ele. Não tinham o merecido reconhecimento, andavam sem grana, eram mestiços, suburbanos, boêmios, pinguços, e com a escrita voltada para os problemas de preconceitos raciais, sociais e de gênero. Lima Barreto fora internado algumas vezes por alcoolismo. João, ainda não, que eu soubesse.

A possibilidade de mostrar-lhe um novo texto motivou-me a escrever. Passei três dias bolando uma história nova. O resultado foi um conto sobre um obsessivo que cisma escrever um livro e nunca consegue terminar uma frase. Seguindo a orientação de João tentei ser o mais denso possível. No dicionário, encontrei a definição. Denso: "que possui estrutura compacta, espessa, cerrada; que tem muita massa e peso em relação ao volume; compacto." No final do conto, o protagonista metia uma bala na cabeça. Talvez isso fosse densidade. Não sei se João ia gostar. Mas arrisquei telefonar-lhe para novo encontro. Ele só podia na outra semana.

Sábado amanhecendo. Acordo e olho para o lado: estou pelado e dividindo uma cama com uma mulher também nua, imensa, ruiva, seios grandes e redondos, pernas longas. Tudo nela, enorme. A gigante era também um bocado bonita. Analisei o lugar onde estávamos, parecia um quartinho de empregada. Tentei ir me desvencilhando e levantar sem fazer ruído, a fim de não a acordar. Minhas roupas espalhadas pelo chão. A carteira e as chaves sobre uma cômoda. Não estava achando a cueca. Talvez debaixo da cama. A ruiva grandona se mexe, mas não desperta. Ou finge ainda dormir. A cueca não está embaixo da cama. Visto-me com o que vou encontrando, vou sem cueca mesmo, abro a porta devagarinho e saio. Não reconheço o lugar. Minha cabeça ainda gira e dói bastante. Aos poucos vou recordando; acho que a ruiva se chama Cláudia. Ou seria Ângela? Dizia ser modelo ou coisa do gênero. Sonhava ser atriz. Bebemos juntos, e muito. No início, caipirinha de vodca, depois, champanhe. Dali em diante, só vagamente lembro flashes de beijos na boca, música e mais champanhe. Era uma festa numa casa em Santa Teresa. Passando pela cozinha, vejo que a chave está na fechadura da porta dos fundos. Atravesso uma espécie de quintal, com medo de surgir algum cão idiota, e chego a um portão semiaberto que dá para a rua. Estava na Almirante Alexandrino. Ali perto, um ponto de ônibus. O bonde passa e eu entro. Aproveitaria o trajeto vagaroso pelos trilhos para tentar lembrar de mais coisas. Agora me vinha à mente a trepada com a grande ruiva. Suas pernas compridas me envolvendo o pescoço. Lembrei que tinha enfiado a cara e me afundado em seus peitões. Com todo aquele tamanho, sua boceta era apertada. Acho que era, agora não tinha bem certeza. Amnésia etílica. Álcool é foda. No restante do trajeto esqueci a ruiva e vim remoendo as insinuações de Lavínia de que eu era um viciado em sexo. Começava a dar-lhe razão.

COCORECOS, BICOS-DE-PATO E LERO-LERO

Passadas a ressaca e as recordações da ruiva gigante, deixei de lado, por enquanto, o Lima Barreto e os russos para ler mais alguma coisa do João. Peguei minha velha edição de *Leão de Chácara,* com o malandro de navalha na capa. Escolhi o conto *Paulinho Perna Torta.* Li de uma tacada, como na sinuca. O personagem-título, malandrinho da capital paulista, engraxate vítima de humilhações e discriminações, acaba marginal. No começo, cafetão, com dezoito anos, depois assaltante, e termina de cabeça na bandidagem geral e no crime. O namoro dele com uma puta, a Ivete, me cativou. Ele se torna seu cafetão por um viés afetivo e até romântico. A seguir, vêm a violência e o machismo a estragar tudo e a trazer a crua realidade. Um tal Laércio Arrudão, mentor dele, ensina como deve proceder um cafetão.

"Vivia todo arranhado. Quando eu não dormia com ela, por ficar lá mesmo na minha tarimba da boca do Arrudão, na outra noite, Ivete estalava de nervos, se metia a me bater. Eu entendia mal todo aquele movimento. Ficava como um moleque bocó arriado à beira da cama. Aguen-

tando a gritaria... Por onde foi que andou, cadelinho? — com aquele ar canalha me gozando no canto da boca.

Uma criança. Um dia de cabeça quente, boquejei com Laércio, pedi-lhe uma luz. O mulato me zombou e ouvi xingo, esculhambação, desconsideração. Fiquei desengonçado como um papagaio enfeitado. Entendendo nada.

— Também... Você deixa a gringa lhe fazer gato e sapato. Dá-lhe um chalau, seu trouxa.

Arrudão arrastou este aqui para um canto e ensinou.

— Você vai deixar de ser um pivete frouxo. Vou te levantar a crista pra você dar uma ripada nessa gringa — e me olhou dos pés à cabeça — porque você é gente minha.

O brilho de simpatia nos olhos de Laércio Arrudão começou por me ensinar que quem bate é o homem. E manda surra a toda hora e fala pouco. Quem chega tarde é o homem. Quem tem cinco-dez-mulheres é o homem — a mulher só tem um homem. Quem vive bem é ele — para tanto, a mulher trabalha, se vira e arruma a grana. Quem impõe vontades, nove-horas, cocorecos, bicos-de-pato e lero-leros é o macho. Homem grita, manda e desmanda, exige, dispõe, põe cara feia e pede pressa. A mulher ouve e não diz um a, nem sim, nem não, rabo entre as pernas. Mulher só serve para dar dinheiro ao seu malandro. Todo o dinheiro. Por isso, entre os malandros da baixa e da alta, as mulheres se chamam minas.

Laércio Arrudão me ensinou.

— Mulher lava os pés do seu homem e enxuga com os cabelos.

Laércio Arrudão me ensinou.

— Outra coisa: duas ondas bestas podem perder um homem. Gostar e mulher bonita. Malandro que é malandro se espianta e evita tudo isso.

Pousando as duas mãos nos meus ombros, falando baixo e sério um português bem clarinho, Laércio começava a me escolar que quem gosta da gente é a gente. Só. E apenas o dinheiro interessa. Só ele é positivo. O resto são frescuras do coração.

Eu precisava tomar uns pontos na ignorância.

À noite, à toa, à toa, meti-lhe um sopapo na caixa do pensamento. Ela caiu e quis pôr a boca no mundo. Chapoletei-lhe mais um muquete e se aquietou.

— Fale baixo comigo.

Agora, ganha porrada toda a mão que tenta uma liberdade. Às vezes, à frente das outras mulheres do Salão Azul. Então, meu nome se espalha e começa a ganhar tamanho na zona. Boquejam à boca pequena:

— Um valente ponta firme.

Ivete se sente mulher de malandro e me agrada mais. Vem se aninhar como uma cachorra. Sou temido e presenteado."

Um cara viver do dinheiro alheio me soava imoral, e do dinheiro de uma prostituta era infame. Eu simpatizava de verdade com as putas. Não sei bem o motivo ou a analogia, mas imaginei Lavínia como uma mulher de malandro, cheia de "cocorecos" e "bicos-de-pato", bem chegada a uns "muquetes". Bom, isso lá era com seu ex-marido corno e outros que viessem. Não comigo, que prezava a não violência.

João Antônio escrevia bem demais. E talvez eu fosse encontrá-lo dia seguinte. Reinaldo Caveirinha me avisava que ele havia passado no banco e dissera que iria ao Benfica, que me chamassem também. Podia até ser conversa fiada dele, mas eu tinha de pagar para ver, mostraria meu conto denso e falaria sobre a beleza da forma de seu *Paulinho Perna Torta*, e de como tinha me ajudado a entender a ralé e um pouco da nossa sociedade excludente. Bem, isso era o que eu planejava.

Ultimamente, andava refletindo sobre os meus erros na vida. Uma existência minimamente plena é marcada por resultados. Não importa o prazo, mas há de dar certo alguma vez. Se a finitude é irreversível, e o esquecimento de todos, inevitável, ao menos chamar a atenção da humanidade para algum feito. Pensava no filme do Domingos de Oliveira, *Edu, coração de ouro.* Na verdade, tinha ido ao cinema por causa da Leila Diniz. A história começava com um aviso: "Eis uma crônica sobre um carioca lírico-obsceno". O lema do Paulo José no papel do Edu era, além de viver da brisa da praia e comer a Leila, comprovar que o correto era quando dava certo. Esse talvez fosse o meu problema atual, tudo dando errado, ainda que corretamente. Nessas horas, sempre me ocorria um plausível pacto com o diabo, um *Doutor Fausto*, do Thomas Mann. O que eu não daria para que o João Antônio me apadrinhasse e eu virasse um escritor de prestígio, um carioca lírico e obsceno que conseguia viver da grana da venda de seus livros e namorava uma Leila Diniz.

Fui dos primeiros a aparecer no Benfica. João Antônio chegou logo depois. Para minha alegria, parecia animado e falante.

— Estou na pindaíba, a grana no fim e os cobradores daqui a pouco na porta. Devo e o país também deve.

Eu não estava preocupado com a nossa dívida externa. Meu maior credor era minha mãe.

— O problema é a educação. Estão cometendo dois crimes bárbaros com a extinção de duas matérias nas escolas: latim e filosofia. O latim é a raiz da nossa língua, e sem filosofia não dá para qualquer reflexão sobre bosta nenhuma.

Imaginei ser um bom momento de atalhar e disparei que a filosofia que eu conhecia era a de boteco. João arrematou.

— Certíssimo, se a rua é a escola, o boteco é a universidade. Mas não pode haver nenhum bar ou universidade decente sem a filosofia.

O papo enveredou para música. João garantia que Cartola e Carlos Cachaça eram gênios, e Nelson Cavaquinho o maior deles. Calculei não ser a melhor hora para falar sobre Pink Floyd, Dylan ou Moody Blues. Será que João Antônio já tinha ouvido os Bee Gees? Sensatamente, mantive-me calado.

Da música à literatura, claro.

— O Guy de Maupassant é o maior contista de todos!

Não tinha lido nada dele. Permaneci ainda mais calado, enquanto João seguia.

— Na minha casa, tinha uma coleção incrível, *Maravilhas do Conto Universal*. Conhecem? Nela, li pela primeira vez um dos melhores contos de Maupassant.

Instado a contar a história, João resumiu: uma francesa das altas rodas pegou emprestado de uma amiga um valiosíssimo colar de brilhantes. Acabou perdendo o tal colar e teve de comprar um novo, pagando uma fortuna, vendendo suas economias. Mais pobre e vivendo modestamente, encontrou-se dez anos depois com a tal amiga e contou-lhe o que teve de passar para comprar a joia que havia perdido. A amiga então lhe confessou: o colar que havia lhe emprestado era de pedras falsas.

A seguir, emendou com Hemingway, um autor inquieto que convivia com seu lado aventureiro, ora como pescador de marlins, ora como correspondente de guerra, ou ainda como toureiro amador. O tempo andava veloz com João contando histórias. Também era bom nisso. Mais tarde, passou à fase dos aconselhamentos. E eu era, graciosamente, o alvo.

— A vida de escritor tem muito sofrimento. E nada vem de graça. Na sua idade, meu caro, eu já tinha pronto um caderno de contos. Era meu livro de estreia. A casa onde eu morava incendiou-se e perdi os originais no fogo. Pensei em desistir, até em tomar formicida. Então, fui para uma biblioteca pública e reescrevi tudo com o que tinha na memória e com a ajuda de uma amiga, a quem havia entregado alguns contos.

— Foram os contos do *Malagueta*? — perguntei.

— Sim...

Aquilo me impressionou. Se acontecesse comigo, palavra que teria desistido. Então, eu não devia possuir a necessária vocação para escritor. Pelo menos, a persistência. A vida para mim advinha de molezas, definitivamente mal-acostumado, mimado, amortecido. Um merduncho, sem dúvida. Melhor torcer para minha casa nunca pegar fogo.

João terminaria aquela noite admitindo não saber viver sem escrever. Ele contou que, quando morava em São Paulo, de tanto escrever, não encontrou tempo para cuidar dos dentes e acabou desdentado.

Eu já estava ficando assustado: incêndios, formicidas, guardar histórias na memória, acabar sem dentes, sei não, talvez fosse melhor procurar um emprego e esquecer de vez esse negócio de literatura. Escrever era para os fortes e doidos. E eu era somente um doido.

LAVÍNIA E OS DESCOMPASSOS DO PRAZER

Lavínia voltou a me ligar. Reatara com o ex-marido, mas agora a novidade era a separação de corpos. Habitavam a mesma casa e dormiam em quartos separados. Permitiam-se, de vez quando, até transar, mas não era muito comum.

— Quando estou a fim nós transamos, mas só quando eu estou a fim.

— E se ele estiver a fim, e você, não?

— Pior para ele, vai ficar na mão.

— Bem conveniente pra você. E ele ainda paga as contas?

— Agora dividimos tudo, meu lindo. Faço questão.

Lavínia queria uma boa trepada comigo, mas não seria eu a propor, se não viria com aquela litania de eu ser imaturo e com fixação sexual.

— Sabe, queridinho, a gente não pode querer amar a pessoa perfeita. O amor não tem nada a ver com perfeição. As contrariedades atraem mais. Você, por exemplo, é o tipo do cara que nenhuma família aprovaria. Sinceramente, você não vale muita coisa, né? Como explicar meu coração ficar batendo forte quando falo com você?

— Talvez você seja cardíaca, pensou nisso?

Lavínia me mandou à merda e desligou.

Fiquei imaginando a sua tortura íntima: desejar sexo comigo, o cara errado na sua vida, mas talvez o certo na cama. Particularmente, acho normal querer transar com uma pessoa que você despreza. Há sexo por dinheiro, gratidão, até por pena.

A mulher da minha vida teria de me fazer perder o rumo ou me enlouquecer, mas não necessariamente com sexo. Também podia gostar dos Bee Gees. No fundo, trepar é buscar conquistas, a sedução, ou seja, o prazer em convencer alguém a usufruir de um sonho com você. Insisto em viver fantasias, sem cobrar do destino por isso e tentando ser feliz desse jeito. Dane-se o coração descompassado de Lavínia.

Meus encontros com João Antônio agora eram cada vez mais constantes. De uma hora para outra, eu tinha me transformado no seu interlocutor mais à mão. Era só me ligar que me despencava de onde estivesse para vê-lo. E ouvi-lo.

— O povo parece ter tomado chá de sumiço dos livros.

João Antônio queixava-se da escassez de leitores, notadamente para autores nacionais. Também reclamava do preço dos livros e do afastamento do brasileiro do hábito da leitura.

— O buraco é mais embaixo, meu chapa, o povo esquece da cultura porque está mais preocupado em sobreviver.

A crise afastava os leitores, embora tal fato nunca houvesse impedido escritores de escrever. Não poderia ser assim tão ruim o fazer artístico, eu concluía. Quando comentava com alguém sobre meus encontros com o grande João Antônio, as pessoas faziam cara de bocós. Quase ninguém o conhecia, poucos sabiam da sua existência. João Antônio foi o primeiro escritor a ganhar dois Jabutis, de Livro de Contos e de Revelação do Ano, era traduzido em não sei quantas línguas e, para a maioria de seus conterrâneos, um desconhecido. Seu biotipo não correspondia ao de um intelectual, ele mais parecia um biscateiro ou um mecânico. João era um contraste só: admirador franco da cachaça, conhecia bem os vinhos finos; frequentara casebres do Morro da Geada e palácios europeus; era apreciador da grande música, *Peer Gynt* de Grieg, *A Flauta Mágica* de Mozart, Mahler, e era fã ardoroso de samba e chorinho. Quando abria a boca e desandava a discutir cultura e afins, logo surgia a dicotomia entre o roteiro e o personagem. Um literato com porte de um profissional de sinuca. Aliás, esporte do qual era aficionado.

— Posso garantir: uma partida de sinuca reflete exatamente como é a nossa sociedade. É a própria síntese da idiotice da nossa existência, dos nossos dramas de vida.

Era bom quando João discorria sobre os mestres da sinuca. A passagem do lendário Boca Murcha por uma mesa do salão na Gávea era sempre lembrada. Aquele malandro, disfarçado de caipira, com chapéu de palha na cabeça, calças largas, cara e pinta de matuto, passou uma semana inteira apostando e perdendo, fazendo a sua "plantação", como era chamado o golpe de perder de propósito para ganhar depois. Numa madrugada, o caipira Boca Murcha apareceu no salão e começou a "quebrar" todo mundo, ganhando de todos, apostando alto. Outro personagem de quem ele gostava era o do sergipano Carne Frita, pequenino e elegante, esteta do jogo, considerado por muitos o melhor taco do país. João desfilava seus personagens, e eram aos montes os craques e malandros. Não à toa, um de seus melhores contos foi baseado no guri de treze anos da Vila Anastácio, o *Meninão do Caixote*, gênio da sinuca que, para alcançar as bolas difíceis, precisava subir num caixote.

— As broncas que o personagem Meninão recebe da mãe dele vêm da minha infância. Quase todos os autores, de alguma forma, ou até sem saber, buscam

na infância o material bruto da escrita. Comigo não foi diferente.

O que eu teria da infância para me inspirar? Minha infância, que eu recorde, foi uma pasmaceira. Bem igual à vida que levo hoje. João devia estar certo; algo no meu subconsciente traria marcas indeléveis, impregnando-se na memória afetiva. Talvez não tivesse me dado conta disso, ou algum bloqueio. De acordo com minha mãe, eu tinha vários deles. Lavínia também me achava um cara travado. Ela dizia que eu custava a me soltar, fechado como uma ostra. Ela insistia para que a olhasse nos olhos, bem no meio da foda. Que graça tinha isso? Eu tentava manter os olhos fechados. Minha imaginação superava qualquer cena real possível. Acho que nunca gozei de olhos abertos.

Liguei para Lavínia e falei sobre a ideia de publicar meu livro, e que estava sendo ajudado nisso pelo João Antônio.

— Quem é esse João Antônio?

— Deixa pra lá, Lavínia.

Lavínia não gostava de ler e detestava quase tudo que fosse nacional. Vinhos chilenos, vodca russa, música americana, perfume francês, enfim, bastava ser brasileiro para ser ruim. Deveria ter nascido na Suécia, na Suíça ou na Ilha de Man dos seus Bee Gees. Lavínia era controversa, fora de eixo e cabimento, uma incoerência ambulante. Ainda se fosse uma metamorfose... O mistério era ela ser tudo isso e ainda povoar-me os pensamentos.

A razão disso era que eu simpatizava com mulheres malucas e não suportava as óbvias. Duvidava da inexistência da mulher ideal e fugia das certezas, amanhecendo meus dias a remoer inúteis expectativas. Buscava alguma coisa que não sabia em alguma mulher que eu desconhecia. O sentimento dessa procura insana era totalmente egocêntrico. Possivelmente, tentava achar quem sofresse igual a mim. Não me acovardava a ideia de vir a passar o resto dos dias sem companhia. Nascemos sozinhos, a solidão nos acompanha e não nos deixa completamente sós. Meu medo, então, não era exclusivo.

Lavínia podia ser doida de pedra, mas longe de ser previsível. Eu sabia que não passaríamos juntos e em paz mais de um mês. Já, para algumas horas, era perfeita. Ela me avisava de que se quisesse ficar com alguém, eu deveria aprender a fazer concessões. Com Lavínia seriam inúmeras, tantas que talvez eu viesse a perder, primeiro a minha personalidade, e depois, a paciência. E, dificilmente, eu me acostumaria a ouvir os Bee Gees.

Busquei alento na literatura. Passei a escrever sem cessar. Algumas madrugadas, de manhã, à tarde. Certamente, sob a influência positiva do convívio com João Antônio. "**Escrever é sangrar**", ele me repetia. Eu devia estar com hemorragia literária. Levei alguns desses textos para a avaliação dele, que, mais uma vez, guardou e disse que ia ler depois.

— Você ainda reclama que passou dois dias e duas noites escrevendo sem parar. É como marujo queixando-se a Noé de chuvisco. Quando eu trabalhava para a revista *Realidade*, passei mais de um mês em Santos, morando perto das docas só pra pegar o jeito dos personagens e do lugar. A maturação é importante. Foi bom que conheci e me apaixonei pela Rita Pavuna.

O nome não me era estranho, associado à cantora italiana Rita Pavone, aquela que adorava um martelo. Não comentei, e João continuou:

— Rita Pavuna era uma mulher da vida que baixava nas cercanias do cais do porto, ardilosa, esperta, quizumbeira. Vivia de trampos e golpes nos fregueses. Corpo carnudo, tinha sido bonita e trazia a cara vincada, com certeza marcada pela lida a aturar marinheiros, gringos e bêbados de todo tipo.

— Você se apaixonou por ela?

— Claro, me apaixonei pela sua vida, uma mulher dessas precisa de tutano para sobreviver e aguentar o tranco.

João Antônio, filho de uma mulata com um caminhoneiro de Trás-os-Montes que amava tocar bandolim, foi criado em Presidente Altino, subúrbio de Osasco. Na juventude, conheceu as zonas de meretrício e mostrou interesse pela vida dessas mulheres da vida, futuras personagens, cujas histórias eram pautadas pela imediata necessidade de sobrevivência, e que lhe inspiravam honesta compaixão.

João era de namorar e fugir de compromissos, apesar de afeito a paixões. Casou-se no papel com Marília (por exigência da família dela) e teve um filho, Daniel. Separou-se e passou a viver sozinho em seu apartamento na Praça Serzedelo Correia, sétimo andar, fundos, em Copacabana, o qual chamava de "Mirante Falso", porque se situava a uma quadra da praia e a vista da sua janela era só de outras janelas e áreas de serviço de outros apartamentos. Discreto, ele raramente comentava sobre sua vida amorosa. Somente uma vez, ao ver passar uma jovem negra belíssima, recordou um caso.

— Paixão consome você, meu chapa. Perdi a cabeça por uma mulher que trabalhava na agência dos correios, dentro da Rodoviária de São Paulo. Eu a chamava de minha "Dama da Rodoviária". Foi fulminante, caí de quatro. Um dia, quando apareci por lá, ela tinha pedido demissão, casado e sumido.

Passei um bom tempo com o umbigo encostado no mármore do balcão e queimando o pé na birita pra poder esquecer.

Imediatamente, pensei em Lavínia. Era ela a minha dama da rodoviária, só que sem paixão. No máximo, atração sexual infundada. Nunca pegaria um porre por sua causa. Acho que Lavínia me inspirava mais indiferença que bem-querer. Preocupava-me apenas o fato de nunca conseguir tirá-la da cabeça.

NA CAMA COM ANAÏS NIN

Minha mãe pediu licença do emprego devido a uma crise aguda de coluna. De uns tempos para cá, sua cervicalgia a havia derrubado e ela já admitia se aposentar. Parecia envelhecer rapidamente. A ordem natural das coisas e das mortes era minha mãe morrer antes de mim. Eu era filho único. Os parentes de meu pai moravam em Mato Grosso. Parentes distantes, literalmente. Minha mãe havia falado uma vez sobre um tio pantaneiro que tinha grana e se mudara para a Cidade do Cabo, na África do Sul. Mais não sabia. Da parte materna, meus avós, já falecidos, e duas irmãs dela morando na Bahia. Acho que uma delas tinha uma perna amputada e a outra era religiosa. Não se falavam. Resumo da opereta, eu não tinha contato nem notícia de familiares. Nenhum avô esclerosado, tio caloteiro ou priminha sacana, nada. Ultimamente, minha mãe vivia dando indiretas para que eu formasse uma nova família. Ela ansiava por netos e me aporrinhava para arrumar um emprego decente, casar e procriar.

— Pode deixar, mãe, estou pensando nisso...

Acendo um baseado em homenagem à mamãe. Quando fumo, penso na vida. Não sou afeito a ideologias, ainda assim creio em livros, mesmo que não me sejam tão profícuos na prática capitalista. Concluí ser inviável fama e riqueza com literatura. Não viam o caso do João Antônio, meu ídolo? Queriam escritor melhor? Não havia e, no entanto, ele mancava na corda bamba, escorando-se aqui e ali, batalhando a sobrevivência e escamoteando a semipenúria na qual vivia. Não, minha mãe não sabia, mas meu mundo ideal incluía uma existência sem afetações, cercado de natureza, plantas, uma rede, maconha e álcool, principalmente os dois últimos. Vá lá, um toca-discos, uma tevê e lençóis limpos. No fundo, sou um cara sem ambições maiores, adepto do silêncio na hora certa, da chuva e do meu laissez-faire particular. Meu grande interesse, apego mesmo, é querer chamar a atenção das mulheres. Notadamente as bonitas e estéreis. Não consigo me imaginar um bom pai, sequer um pai.

Sozinho no meu quarto, música no rádio, curtindo meu fuminho. A natureza humana é a pura contradição, e o mau gosto é inerente. Sempre me envergonho de certas escolhas. A seleção de músicas de rádio, por exemplo, é uma bosta. Dou uma puxada funda no baseado. Acendo o incenso para a minha mãe não desconfiar. Essa maconha é o fino. Apagou, vou guardar a bagana, estou doido demais. Minha cabeça atual está cheia de devaneios idiotas. Nesse ponto, minha entravada mãe tem razão: de muito doida, basta a realidade.

Comentei com João Antônio a minha busca por sexo. Acrescentei que procurava na companhia feminina um refresco para minha tendência a terminar solitário. Ele fingiu que havia entendido minhas chatices existenciais e indicou-me o pensador e romancista grego Kazantzákis, discípulo à altura de Nietzsche e Bergson.

— Leia *O Pobre de Deus*, um personagem inesquecível, um padre aflito, e conheça a verdadeira solidão franciscana.

Mais um autor de quem nunca ouvira falar. Conhecia alguma coisa da cultura grega pelas aulas de Filosofia, do curso clássico. Não importa, não ia ler mesmo. Meu foco era o próprio João Antônio, e acho que ele já desconfiava. No momento, encantavam-me suas crônicas, extraídas do livro comprado no sebo, edição Círculo do Livro, *Casa de Loucos.* Falava de gente que João admirava, como Nelson Cavaquinho, Pixinguinha e Darcy Ribeiro, que se transformavam em ricos personagens. Suas reportagens publicadas transformavam-se em verdadeiros contos. Seria fantástico se algum dia eu conseguisse escrever parecido. Não tentar copiá-lo — perda de tempo — mas descobrir um estilo, cujo processo criativo as pessoas identificassem nos primeiros parágrafos. Assim como eu identificava João.

Acho que me transformei numa pessoa quase monotemática. Sexo, livros e drogas leves, com raras variações. Ultimamente, o sexo confundia-se com uma religião que fazia sentido para mim. Concordo, entretanto, que transar por transar não resolve as coisas, embora ajude. O orgasmo me era um santo lenitivo ontológico. No bar Benfica, comentei mais de uma vez com João sobre essa obstinação pela sedução e ânsia de trepar. Para entrar no assunto, caprichei, citando Wilhelm Reich e até a perversa *Lolita* de Nabokov. João estava de bom humor e concordou, fato raríssimo, dizendo que não me afligisse, afinal, se a humanidade dedicasse mais tempo ao sexo não haveria tanto ódio e ressentimento. Mas, alertava:

— Você somente deve começar a se preocupar quando faltar mulher. Ou pior, quando brochar.

João Antônio assegurava que, depois de Henry Miller, com sua trilogia da *Crucificação Encarnada*, a sacanagem fora devidamente desmistificada e o sexo agora era uma simples atividade.

Aproveitei seu bom astral para comentar sobre um de meus livros prediletos sobre o tema: *Os 120 dias de Sodoma*, do Marquês de Sade. João tinha outra preferência, a novela *Justine ou os infortúnios da virtude*. Mas Sade não o impressionava tanto.

— Perto de Anaïs Nin, Sade é um anjo barroco.

De sexo e taras passamos a outras mazelas. João recusou a saideira, alegando os incômodos da gota, já que, em seu exame, o ácido úrico tinha dado nas alturas. João reclamava da idade e das modernidades.

— Veja que cada vez se fala menos, não se conversa ao telefone depois da chegada das secretárias eletrônicas. Uma praga do capeta. Adorno estava certo quanto ao seu horror perante as máquinas.

Depois o alvo foi a televisão, no que teve o apoio de quase todos do bar.

— A televisão serve para transformar os ignorantes em idiotas!

Aplausos. João aproveitou o momento e retirou-se de cena, despedindo-se em alto estilo. Seu carisma era impressionante. Bebi mais umas três saideiras e voltei para casa pensando na Anaïs Nin.

LAVÍNIA E O AMOR ANARCOIDE

Lavínia ligou para me dizer que eu estava certo quando fugia do grande amor. Também ela não acreditava que pudesse existir uma paixão honesta.

— Tudo é circunstancial no grande amor.

— Como assim?

— Tudo gera caos nas relações amorosas.

— Por que tanto realismo agora, Lavínia?

— O grande amor morreu, o rock morreu, o sonho acabou.

Tentei animá-la. Tanto fazia ser grande ou infrutífero o amor. O válido era passar um tempo bom, acolhido e preenchido, ainda que efemeramente. Buscar a companhia de uma pessoa que goste das mesmas coisas que você. De preferência com grana, com seios de verdade e uma bunda grande. Lavínia riu, ou fingiu rir.

— Esse teu jeito debochado não vai te redimir nem me recompensar.

Já meio de saco cheio, tentei provar-lhe que as pessoas que não tinham nada a ver juntavam-se por carência e aí se fodiam todas. Lavínia falou que eu era incoerente e idiota. Tentei mais uma vez mostrar-lhe que o amor tinha no êxtase do sofrimento a sua razão de existir, a delícia de se chorar pelos cantos, esfolar os cotovelos, se descabelar. Lavínia me chamou de babaca arrogante. Propus mudarmos de assunto porque pensávamos diferente. Lavínia me mandou dar o rabo. Acabamos combinando uma ida ao motel. A libido dela parecia se acentuar quando se sentia confrontada ou contrariada.

João andava queixando-se de dores nas mãos e nos rins, e os médicos já tinham alertado que ele não deveria beber. Mas um golinho de cachaça Rainha ou Praianinha — suas prediletas — ele não dispensava. João telefonou, convocando-me para uma passada no Benfica.

— É, meu camarada, meu fígado não é mais o mesmo. Tenho de dar uma parada, essa nefrite ainda vai acabar comigo.

Um amigo dele, jornalista, era metido a médico naturista e lhe indicou suco de pinha. João falava que ia comprar a fruta no dia seguinte, na feira. Adorava ir à feira. Tinha uma na praça bem à porta de sua casa.

— Não vou à feira pelas laranjas ou bananas, vou mais para poder escutar a turma, a ralé que dá o espetáculo, show humano de qualidade.

Um passante, admirador do escritor, se aproximou e perguntou se ele havia assistido ao capítulo passado da novela das oito, quando a personagem de uma professora indicava aos alunos alguns autores, entre eles, o próprio João Antônio. Ele respondeu que não tinha visto, mas que o telefone não parara de tocar.

— É de se espantar com essa Globo. Ganho o Jabuti, maior prêmio nacional de livros, e recebo poucos telefonemas; sou citado na novela, e tenho de desligar o telefone para poder trabalhar em paz e me livrar dos quiquiriquis. Definitivamente, amigos, nosso país é ágrafo e anarcoide!

Eu não sabia o significado de ágrafo ou anarcoide. Mais tarde fui checar no dicionário. Ágrafo: "que não tem representação escrita; que não está escrito nem pode ser representado por meio da escrita"; anarcoide: "sem forma, sem aparência, sem definição." Dessa forma, eu também poderia ser considerado um aspirante a escritor, tão ágrafo quanto anarcoide. Tomara que por pouco tempo.

João Antônio tinha essa mania de vir com vocábulos rebuscados. Ágrafos, anarcoides e quiquiriquis. Ele tinha verdadeira obsessão pelas palavras. Dizia acordar de madrugada à procura delas. Anotava tudo, desde as gírias que ouvia até aquelas pinçadas nos livros, e dizia que lutava dia e noite com elas numa batalha inútil. Outra mania dele era jamais colocar artigos nos títulos daquilo que escrevia. Também cismava com os computadores, uma rejeição natural para quem o ato de escrever em papéis, guardanapos e blocos de anotações era uma espécie de ritual. A máquina de escrever era amiga querida e companheira de noites despertas, e ele ainda relutava em traí-la, apesar das anunciadas vantagens do computador.

Outra vez na cama com Lavínia. Cada vez fodíamos melhor. Sabíamos o ritmo, a respiração e os pontos fracos e fortes um do outro. Com o tempo, os casais aprendiam seus trejeitos e a sutileza das adjacências. Principalmente estas últimas. Lavínia, de fato, progredia. Esquecera um pouco os Bee Gees e nem me chamava mais de vagabundo ou sonhador. Deu até para ler meus escritos e comentá-los. Paramos de discutir tanto e passávamos horas agradáveis.

— Sabe, Lavínia, acho que você gosta de mim porque sou um cara meio anarcoide.

— Não sei que porra é essa, mas sei que você é o meu gostoso!

— Para mim basta.

Comentei com João sobre Lavínia. Ele ensaiou alguns conselhos. Disse que eu devia estar apaixonado e não queria ver. Ver ou admitir.

— Hoje em dia, meu caro, é ridículo declarar-se apaixonado. As pessoas têm vergonha de viver um amor.

Perguntei-lhe se já havia vivido um amor assim. Fiquei em dúvida se ele dizia a verdade ou inventava.

Tinha uma namorada no Rio, uma em São Paulo e uma outra que ia à sua casa fazer comida e arrumar a bagunça. Dava-se bem assim; só tinha de evitar que elas se encontrassem.

— Meu coração é macunaímico. Há vários João Antônios dentro de mim. Eu necessito de solidão para criar, mas não é fácil viver sozinho. A vida do homem sobre a Terra seria uma bobagem se não houvesse a crença no amor, na importância da tal cara-metade dos diabos. Como dizia Rosa, "sapo não pula por boniteza, mas porém por precisão".

Não era uma analogia simpática. Sapos são representativos inversos das fantasias do amor, o lado oposto dos príncipes. Enfim, era de Guimarães Rosa. Certamente eu não iria me apaixonar por Lavínia. Quem sabe uma outra mulher aparecesse na minha vida. Por ora, meu grande amor ainda era a literatura e o que dela pudesse obter.

João ainda aproveitou para indicar um conto de amor, de Maupassant, chamado *Bola de Sebo*. Dizia que o Chico Buarque tinha se inspirado nele para escrever a música da *Geni*. Pronto! Depois dos sapos, agora sebo e bosta na Geni. Definitivamente, João Antônio usava estranhas metáforas para o amor. Ainda me perguntou sobre Machado de Assis, afiançando que quem pretendesse escrever tinha de debruçar-se sobre ele.

Falou-me de um conto sobre um maestro atormentado que tinha a ilusão de compor algo que entrasse para a história da música. Chamava-se *Cantiga de Esponsais*. Mais uma vez prometi que ia ler.

ISMÊNIA

Naquela semana, curiosamente, estava sem inspiração para escrever. Também sem vontade. Saí com uns amigos e acabei numa festinha de aniversário. Poucos convidados, um apartamento enorme e bem decorado, boa música, comes e bebes. Ismênia logo me chamou a atenção. Loura oxigenada, cabelos presos num rabo de cavalo, e metida num vestido curto que deixava à mostra suas pernas musculosas. Estava sozinha e fumava na varanda. Aproximei-me com uma taça de vinho e me apresentei. Ismênia pareceu-me bem confortável e segura, lidando pela primeira vez com um quase estranho. Soube que era descendente de poloneses, professora de ginástica e prima da aniversariante. Disse-lhe ser escritor, menti sobre minhas atividades e inventei um emprego como redator de jornal. Ficamos o resto da festa conversando, trocamos telefones e acertamos um novo encontro. Ismênia estava separada. Seu ex era violento e bebia demais. Eu podia imaginar uma briga entre eles num ringue. Uma coisa que me atraiu nela foi a boca carnuda. Na varanda, enquanto conversávamos, tive algumas ereções. Calculei como minha libido andava descomedida. Não importavam obstáculos, o que valia era a sedução para o sexo. Lavínia tinha razão, eu precisava me tratar.

Desta vez, João Antônio não quis ir ao Café Benfica. Parece que havia brigado com o gerente da casa. Estranhei porque o português Albertino era um cavalheiro, quase um gentleman. João disse que ele era um bunda-mole baba de quiabo, e que nunca mais voltaria àquele barzinho xexelento. Marcamos então no Corujinha, um bar na esquina da outra rua, a poucos metros da casa dele. Quando cheguei, João já estava com sua branquinha e uma tulipa de chope.

Ele parecia otimista com a nomeação para a pasta da Cultura do dicionarista e filólogo Antônio Houaiss.

— Acho que o sabujo do substituto do Collor marcou golaço com o Houaiss. Tomara não se contamine com a cambada que paira por lá. Impossível não ter rancor desses esmerdeados, ratatuia de biltres.

O Houaiss eu conhecia só de nome, pelo dicionário. Concordei com João e pedi meu chope.

— Mudemos de assunto, é melhor para a minha gota. Vamos falar de livros. Um fantástico, *O Homem Sem Qualidades*, de Musil. Mestre na escrita e também um teste para você que planeja ser escritor: dois volumes, quase mil páginas.

João costumava não somente indicar um livro, mas contar sobre o autor e comentar um pouco sobre a trama. Era seu jeito de falar sobre a boa literatura.

— Musil trabalhou no livro quase a vida toda e morreu sem ter terminado, mesmo escrevendo sem parar. Essa dedicação a sua obra acabou por deixá-lo muito pobre. O impressionante é que quanto mais ia ficando na miséria, mais ideias para o romance ele tinha. Essa combinação nele é o que me atrai. A pobreza material engolida pela criatividade na arte.

João sempre me dava dicas de autores e livros sem jamais lembrar de cobrar se eu havia lido. Também adorava falar sobre suas viagens.

— Sabe, meu caro, nos anos 80 estive na Alemanha, com uma bolsa. Todos me garantiam que Berlim era uma cidade louca, mas não chega aos pés da nossa Copacabana. E o alemão de lá é um enquizilado metido a besta. O berlinense se acha rebelde, e coisa e tal, pinta o cabelo, se veste todo de preto, igual Zé do Caixão, e sai à noite dando porrada nos estrangeiros estropiados nas estações de trem, do metrô, sempre em curriola. Branquelos covardes. Rebeldia é o cu deles.

A seguir, João reclamou de não achar seu livro sobre Noel Rosa nas livrarias. Distribuição péssima e ninguém fazia nada. Entristecia-se pelo fato de ser Noel.

— Noel Rosa foi inveterado boêmio da Lapa, cheio de gonorreia e noites mal dormidas, uma tuberculose e outras mazelas, ainda assim, foi homem das letras, um poeta fabuloso. Não merecia andar tão esquecido...

Pedimos mais chope, uma porção de fritas e brindamos ao Noel, suas gonorreias e seus sambas geniais.

Acabei comendo a Ismênia. Foi na academia dela, sobre um colchonete para exercícios. Todos tinham saído e as luzes, quase todas, estavam apagadas. No final, extenuado, suado e com os joelhos ralados, olhava o ventilador de teto desligado. Por isso estava tão quente ali. Na hora da excitação não se dá conta dos desconfortos. Foi uma foda rápida. Ismênia parecia adorar sexo oral e a todo instante me puxava pelos cabelos para seu ventre, fazendo questão de fornecer as instruções pertinentes: mais para cima, devagar, assim, a língua, de leve... Eu obedecia e chupava. O gosto de sua boceta era doce, e os pelos cheiravam um pouco a suor, mas nada impeditivo. Quando ela se excitou me apertou a cabeça com as coxas e era bem forte a pressão. A princípio pensei que ia sufocar. Aos poucos fui me adaptando. Ismênia, com todo aquele corpo e robustez, gozava baixinho como uma gueixa, enquanto eu aguardava gritos e urros vindos da velha

Varsóvia. Minha imaginação, às vezes, me surpreendia. Tivemos de nos vestir rapidamente, pois a mulher da limpeza chegaria a qualquer momento.

Tinha ficado evidente que dificilmente haveria uma outra vez. E a razão não era o colchonete da academia, mas o fato de não termos quase nada em comum: ela detestava ler, e eu odiava ginástica.

Comentei com João sobre minha trepada com Ismênia. Ele simpatizou com o nome dela e falou para aproveitar enquanto podia, a vida tinha muito de corpórea e sensual. E mais não disse.

Lavínia telefonou me convidando para um vernissage de um amigo dela, jovem artista plástico, seu namorado na adolescência, e que agora era gay. Pude entendê-lo perfeitamente, mas preferi não comentar com Lavínia. Não queria começar nosso encontro com briga. As telas do rapaz eram bacanas, se bem que ultramodernas para meu bico. Lavínia terminou comprando uma, certamente por educação ou até comiseração. Tanto fazia. Saímos dali e fomos a um barzinho em Ipanema. Preço alto para o meu bolso, mas ela havia se oferecido para pagar.

— Por que será que todos os artistas que eu conheço são duros?

Lavínia era direta. Optei por não responder, afinal era com isso que ela contava; provocar-me talvez a excitasse de alguma forma. Eu podia estar sem grana, mas não seria atingido em minha autoestima artística. Lembrei-me do João e do Robert Musil, aquele que tinha substituído a riqueza material pela genialidade criativa. Ao menos, tentado. Chegou o garçom e pedimos aipim frito, umas linguiças aceboladas com molho de mostarda e bebemos sem parar. Bêbados, acabamos num motel no Vidigal. Mais ou menos o que me recordo. Transamos como sempre. Lavínia me parecia a cada dia mais gostosa de foder. Mesmo bebum.

RAZÃO E PRECONCEITO

Mais uma happy hour no bar Corujinha com João Antônio. Quando cheguei, ele já estava com duas meninas. Aproximei-me e João as apresentou: repórteres de um jornal de faculdade — jornal nanico, como João gostava de chamar. Armadas de um gravador, cadernos de anotação e muitas perguntas para ele. Uma delas, mulata, cabelos crespos e sorriso constante, segurava o microfone do gravador e mostrava mais desprendimento, além dos bicos dos seios que quase furavam a blusa transparente. João também tinha reparado. A outra, mais calada e feia, preferiu manter-se cabisbaixa, anotando tudo.

Finda a entrevista, aceitaram ficar mais um tempo. A mulata da blusa transparente, Jussara, aceitou um chopinho; a mais feia pediu uma coca. Depois agradeceram e se despediram. Acompanhei-as até o ponto de ônibus da Praça Serzedelo Correia. Iam para o mesmo lugar, Laranjeiras, e pegaram o circular para o Cosme Velho. Antes, anotei o telefone da Jussara.

Quando retornei, João logo comentou sobre o sorriso da morena do gravador. Eu completei, elogiando os peitos dela. João sorriu, maroto.

— Uma mulatinha assim pode levar muito homem à ruína. Ela me lembrou um pouco uma antiga namorada.

Depois emendou, comentando que havia uma candidata a atriz para o filme baseado em seu livro *Malagueta, Perus e Bacanaço,* que também fazia uso do artifício da blusa transparente.

— Muitas vezes a sugestão e as sutis transparências são mais eficazes que a própria carne.

Fui obrigado a concordar. Ainda que a blusa da Jussara não contivesse tanta sutileza. Sobre o filme, João disse respeitar o diretor Maurice Capovilla, seu amigo, mas que ele fizera as escolhas erradas para os papéis principais.

— Veja, os meus personagens são todos maltratados, magricelos, desnutridos, e ele escolheu o Lima Duarte e o Guarnieri, gordinhos e bem tratados. Não dá…

Mais uma vez concordei. Aborreci-me com o fato de toda hora concordar com ele. Uma autêntica vaca de presépio plantonista. Queria discordar, mostrar argumentos firmes. Havia me tornado para ele um interlocutor previsível e monótono. Isso me incomodava e disse-lhe como me sentia.

— Meu chapa, não ando precisado de mais ninguém para discordar de mim. Já tenho gente suficiente no meu cangote. Não faço parte de nenhuma turma, escrevo o que penso, xingo a direita de burra e acho a esquerda intolerante. Logo, não devo carecer de quem discorde de mim.

Pedimos uma dose de steinhaeger Becosa e brindamos a isso. Aliviado, achei-me no caminho certo. Melhor não provocar fio desencapado.

Minha mãe, ceifada pelas dores da coluna, andava calada e pouco conversava comigo. Seu desânimo era contagiante. Sem que perguntasse, falei-lhe dos meus progressos literários, da minha recente intimidade com o João Antônio e dos meus velhos planos para o futuro. Nessa hora, o que mais me afligia era o seu sorriso amarelo, como quisesse me falar que não tinha mais forças para me privar de qualquer quimera. Só me disse, voz abafada pela respiração falha, para eu abrir a janela do quarto e tirar os olhos da parede, já que os livros não podiam descrever as estradas do mundo que só ela sabia. De vez em quando, minha velha mãe tentava me impressionar com metáforas.

Ismênia, a professora de ginástica, me procurou. Queria urgente me encontrar. Sofria de saudades do antigo namorado. Sem saber, ela me fez sentir como um pneu estepe, substituto momentâneo do furado.

Eu pensava nela como a mulher musculosa que trepava igual a uma gueixa. Ela simbolizava o gozo de um instante apenas. Fui até a academia, mas me detive na entrada, desisti e voltei. Ismênia não me perdoaria. O ser humano, com o tempo, admite tudo, menos rejeição.

Procurei Lavínia. Ansiava dizer-lhe da angústia que vinha me tomando com miragens, imagens desfocadas no escuro. Seria verdadeira a minha vocação para escrever? Não conseguia validar meus planos, sofria com a sensação inconteste de quem conspira contra o próprio destino. Quem me daria o aval? Acho que nem João.

Lavínia não deu bola, sequer tentou decifrar meus paradoxos, queria comprar uns discos novos e me convidou para ir com ela. Sem alternativa, topei. No interior da loja, ouvíamos os lançamentos.

— Por que você não desiste logo dessa ideia de ser escritor?

— Escrever talvez seja querer enxergar o mundo pelo avesso.

— Desista, você já é o seu próprio lado avesso.

— Não quero desistir. Vai ter sopapo, dor, lágrima, decepção, sofrimento pelo não reconhecimento, pode tudo no anonimato dos fracassados. Pouco importa. Nada que é grande é fácil. Por isso, tantos ficam pelo caminho.

— Meu medo é que aconteça exatamente isso com você.

Foi a primeira vez que me encontrei com Lavínia e não fizemos sexo. A discussão sobre a minha futura carreira de escritor pode ter influenciado.

JUSSARA (OU JUÇARA)

João Antônio ia viajar a São Paulo para rever o irmão. Deixava-me a incumbência de ler mais Lima Barreto e me cobrava atitude, já que um pretenso escritor não deve se dar ao luxo de hesitar. Eu teria de optar por viver por nada ou sofrer pelas letras como um propósito de sobrevida, como um louco desvairado. Lembrou-me que Lima estivera internado num hospício, e ele próprio, João, também já fora internado num sanatório da Tijuca para poder escrever em paz. Loucura era não saber a que se vem a este mundo. João Antônio sabia, e com certeza pretendia ensinar-me o caminho. Tortuoso, embora caminho.

Na semana anterior, João tinha me convidado para ir a sua casa. Apartamento 702, do número 15A, da rua Serzedelo Correia. Um canto típico de escritor, com caixas espalhadas, repleto de livros e estantes, onde se destacavam autores como Machado de Assis, Drummond, Câmara Cascudo, Marx, Graciliano, Tchécov, entre outros. Pôster do Pixinguinha na parede e algumas prateleiras com adornos e lembranças de viagens. Uma espécie de mesa de desenho no canto da sala que dava para a janela que dava para outras janelas na vizinhança. Um sofá surrado e tomado por almofadas e papéis de todo tipo. Tudo ali reluzia a personagens, buscas, retratos daquilo que um dia João foi ou imaginou. Antes de sairmos, enquanto João conferia alguns papéis, reparei no canto da sala uma pilha de discos de vinil. Enquanto ia folheando a coleção, Nana Caymmi, sucessos de Cartola, um antigo de escolas de samba, Caetano, jazz com Piazzolla e Garry Mulligan, *Ne me quitte pas,* com Nina Simone, de repente o susto: Bee Gees, *Os Embalos de Sábado à Noite,* John Travolta na capa. Fiquei sem coragem para perguntar a João se aquele disco era mesmo dele ou se algum inimigo o colocara ali, para tentar incriminá-lo. Um objeto destoante de tudo. Imaginar João dançando *Stayin' Alive* não tinha cabimento. Desisti de continuar a mexer nos discos e concluí que a existência era um suceder de imprevisibilidades.

Claro que no bar, com João, perguntei se ele gostava mesmo dos Bee Gees.

— Quem?

— Bee Gees — repeti, meio ressabiado.

Expliquei-lhe que tinha visto o disco em sua casa.

— Não faço ideia.

— Um de músicas disco, com o John Travolta na capa.

— Ah, o que ganhei de uma amiga quando estava na Alemanha. Nunca ouvi.

Respirei, aliviado. Acreditaria em qualquer coisa que ele me dissesse, menos ser fã dos Bee Gees. Estava tão difícil encontrar ídolos, que me decepcionar com João seria catastrófico. Assim ficava melhor e tudo em seu lugar: João Antônio circunflexado e John Travolta rebolando pertenciam a universos distintos.

Com minha mãe entrevada, sem o João e sem o menor tesão para escrever ou ler, liguei para Jussara, a mulata do jornal estudantil que morava em Laranjeiras e tinha seios bicudos. Marcamos no Mercadinho São José, perto da sua casa. Ela se atrasou um pouco mas apareceu e, dessa vez, a blusa não era transparente, embora fosse decotada. Jussara parecia ainda mais bonita e sorridente. Depois de umas biritas e uma porção de azeitonas, cheguei mais para perto e tentei beijá-la na boca.

— Você é bem atrevido, né?

Jussara beijava gostoso. Mais confiante, convidei-a para um lugar mais discreto.

— Tipo o quê?

— Um motel, talvez...

— Você é mesmo atrevido, né?

Ela deixava claro que não era dessas de ir para a cama no primeiro encontro. Eu não tinha grana para bancar novos encontros. Perguntei, então, em qual encontro ela dava.

— Além de atrevido é debochado, né?

Paguei a conta e saímos. No caminho para a casa dela, fomos de mãos dadas até a porta do edifício onde morava. Numa última investida fiz questão de subir com ela no elevador. Tive sorte de Jussara morar no décimo primeiro andar, com tempo suficiente para uns chupões e agarramentos.

— Você é bem atirado, sabia?

Enquanto Jussara segurava a porta do elevador no seu andar, eu aproveitava para seguir beijando sua nuca e passando a mão naqueles seios. Ela se desvencilhava sempre, mas não me impedia totalmente de agir.

— Agora, chega, né?

A morena suava, ofegante, com sobra de estrogênio. Mais um pouco, e transávamos ali mesmo. Por fim, conseguiu separar-se de mim e empurrou-me de volta ao elevador.

— Me liga, hein, vou te esperar.

Dia seguinte, fui com Jussara ao cinema. Na hora de mostrar a carteira de estudante na entrada, reparei seu nome grafado como Juçara. Talvez uma homenagem ao açaí. Lembrei-me de uma antiga namorada, a Dijanira. Certamente eu vinha me especializando em mulheres que cometiam barbarismos já com seus nomes na hora de nascer, devido à escolha de pais apedeutas. Jussara, ou melhor, Juçara, tinha ido com uma saia tão curta que me deixou sem graça. Naquele dia, depois do cinema, demos a primeira trepada, no próprio apartamento dela, que dividia com uma amiga. Juçara gostava de sexo anal. Era boa nisso. Com ela, praticamente esqueci da Lavínia. A verdade era que tinha esquecido até do João Antônio.

A LINHA DIVISÓRIA DO CU DO CACHORRO

Com anti-inflamatórios e terapia, minha mãe reduziu a dor nas costas. Soube da melhora quando me perguntou se eu continuava pensando em ser escritor, pois ainda havia tempo para procurar outra profissão. Mamãe retomava a vida normal.

No momento, não me importavam dilemas profissionais, nem dinheiro, nem crise existencial. A bunda de Juçara não me saía da cabeça. Magra, sem nádegas grandes, que mistério era aquele? Pensei escrever um poema sobre o ânus de Juçara, uma elegia ao inesperado, ao tabu e à alegria. Claro, mostraria depois ao João Antônio.

A tentativa de ode à bunda de Juçara não deu em nada. Desisti. Ficaria só com o prazer carnal, o literário, às favas. Mesmo porque Juçara não tinha mostrado nenhum apego às letras. Além do mais, o grande Manuel Bandeira tinha dito tudo, no belo poema "A cópula" ("... *depois de lhe beijar meticulosamente o cu, que é uma pimenta, a boceta, que é um doce, o moço exibe à moça a bagagem que trouxe: culhões e membro, um membro enorme e turgescente...* ").

Talvez inspirado por Bandeira, cogitei escrever histórias eróticas, inspiradas nas mulheres que haviam passado por mim ou pelo meu membro nem tão grande, embora, com alguma frequência, turgescente. Mulheres tão malucas, quase inverossímeis: a sadomasoquista que achava que a cama era um ringue; a professora de balé que transava e dançava simultaneamente; a secretária que só trepava dentro do carro dela, um Fiat 147; a enfermeira que adorava ser comida amarrada (lembro da última vez, quando a amarrei na cama e a deixei lá assim); a empregada doméstica que sentia prazer em ser xingada; a coleguinha de colégio que se masturbava com a caneta Bic; a prima que pegava no meu pau quando todos assistiam à tevê... Estava decidido e excitado. Contaria essas aventuras e ainda inventaria um bocado, com cuidado para omitir os nomes a fim de não me causarem transtornos.

Lavínia andava estranha. Não queria sair, desanimada e confrontada com problemas da transitoriedade da vida e buscando uma razão que desse sentido a tudo. Perdera até a vontade de trepar e queixava-se de seguidas crises de pânico. Católica não praticante, já havia tentado o budismo, frequentara algumas sinagogas, ouvia Bob Marley sem parar e até tomara passes na umbanda. Emagrecia rápido, deixava os cabelos sem trato, não fazia mais as unhas e não era todo dia que tomava banho. Ultimamente andava lendo e interpretando a Bíblia.

Eu tinha entrado de cabeça na escrita dos contos sobre as mulheres e quase não fazia outra coisa. Passava dias sem botar os pés para fora de casa. Minha mãe, preocupada, insistia para eu tomar sol, ir à praia, enfim, tentar me comportar como uma pessoa normal. Ao menos aparentemente.

Recebo pelo correio carta de João Antônio, de São Paulo. Postada da casa do irmão Virgínio, aproveitando para me pedir um pequeno favor. Passava-me uma lista de perguntas sobre a sua obra e alguns nomes para que eu procurasse para entrevistar, pois uma editora de São Paulo lhe havia encomendado um trabalho sobre arte da criação, ou algo parecido. Eu seria obrigado a dar um tempo nos meus contos, mas valeria a pena ajudá-lo. Ele tinha confiado em mim, e a missão poderia fazer parte do meu currículo de novato escritor.

Contou-me também que era a sua quarta carta, só naquela noite. João escrevia cartas como quem conversa. Ele se proclamava um solitário que dependia delas para conversar com as pessoas. No final da carta, reclamou de uma crise de cólica renal, e disse que uma mulher tinha aparecido acusando-o por uma gravidez já bem adiantada, sem saber que ele ficara estéril devido a uma caxumba descida. E encerrou a missiva, queixando-se das mulheres, notadamente as jovens. O motivo tinha sido uma palestra numa universidade e o assédio de umas jovens alunas. Aproximavam-se, sugerindo-se com malícia, mas quando o chamavam de "senhor", tudo ia por água abaixo. Elas o exaltavam e ele só querendo cafuné. Quando era mais moço, não recebia elogios e nenhuma mulher se chegava assim, tão franca e abertamente. Em breve estaria de volta ao Rio e ao Posto Quatro de Copacabana. Não garantia derrubar uma cachacinha devido à saúde, mas uns cafezinhos, com certeza.

Entre um tempo e outro, durante as entrevistas sobre a obra do João, pensei em rever Juçara.

A colega de quarto me deu a triste notícia: Juçara tinha voltado para a casa dos pais, em Goiás. Tudo havia acontecido depressa demais. O pai havia sofrido um acidente de carro e estava à morte. Juçara teve de viajar urgentemente, sem dar muitas explicações.

Queria evitar o desânimo, mas minha vida teimava em perder para a literatura. Passei a escrever freneticamente para esquecer do mundo. As histórias fluíam bem, embora minha autocrítica se confundisse com a prepotência de achar que concebia algo que valesse a pena. Deve ser o monótono dilema de tantos neófitos na escrita.

Liguei para a amiga da Juçara na esperança de alguma novidade. Ela não dera mais notícias e a sua vaga no quarto já fora alugada. Melhor esquecer Juçara.

Na semana seguinte, fui surpreendido com o telefonema do João. Tinha chegado de São Paulo, ansioso por uns tragos, e acertou comigo um novo encontro. Minha sorte começava a virar. Era assim sempre perto da chegada do final do ano.

João estava mais agitado que de costume. Precisava passar no banco antes que fechasse. Fomos direto à agência da Figueiredo Magalhães. Aproveitei e, no caminho, falei-lhe dos meus contos e da falta que Juçara me fazia. Omiti a parte da fixação anal. João pareceu não prestar muita atenção. Perto da Praça Serzedelo Correia, um corre-corre: os camelôs tentando escapar dos fiscais.

— Veja esses infelizes. Se ficar o rapa come, se correr o rapa vai pegar. Uma legião de desafortunados, reféns dos contrabandistas safardanas. Isso é o Brasil periférico, meu caro, o Brasil dos esquálidos mentais perambulando na Zona Sul, perto das praias esnobes e de um povo de tanga.

Chegamos com as portas do banco quase fechando. Deu tempo de João conferir seu saldo, depositar e pagar algumas contas vencidas. Saímos de lá direto para o bar. Fazia um calor dos diabos.

— O ano está acabando. Sinto no ar um 1996 cheio de novidades, mas não de esperança. O FHC e o real não me convencem, empulhação das grandes enquanto não olharem direito o problema da distribuição de renda e da educação. As artes e a cultura neste país estão destinadas a ficar abaixo do cu do cachorro.

Não que João Antônio fosse um pessimista nato, mas sua visão do futuro era clara: embarcávamos numa canoa furada. Somem-se atentados terroristas na América, a ameaça do vírus Ebola… talvez ele tivesse razão e o cu de cachorro ainda fosse pouco…

Passa por nós um sujeito com trejeitos afeminados.

— Os pederastas são marginalizados e essa condição lhes dá couraça, reagem a uma sociedade que os odeia e alija. Quer ver um supimpa? Madame Satã, homossexual cheio de flosôs, polêmico, com a latada à tapa. Este país só precisa de caras verdadeiros e com vergonha na cara.

Acho que a menção à resiliência do viado trouxe-lhe novo vigor.

— Vamos encher a corneta e queimar o pé. Lima Barreto é que estava certo: o problema nacional não é a viadagem nem a cachaça, mas a burrice. Lima era visionário louco, desses bem topados que lutam por aquilo que creem, um gênio de verdade.

No bar, antes do primeiro chope e de que ele me questionasse se eu tinha lido o Lima, voltei a comentar a minha saída com Juçara, a tal dos seios bicudos que havia feito uma entrevista com ele.

— As mulheres preferem os doidivanas, os irresponsáveis, de pegada rápida e firme, os desajustados safadinhos, compreende? Se me lembro bem, a moça da entrevista é uma belezura, mulatinha de não se colocar defeito.

João era um ferrenho entusiasta da miscigenação e bem chegado numa mulher de cor. As negras retintas, principalmente. Enquanto ia entornando, rememorava suas conquistas amorosas, a Vênus Calipígia, a Deusa de Ébano, a Inesperada de Angola... Ele costumava dar nomes engraçados às mulheres.

Não sei quantos chopes e pedimos a conta. O ano terminava e João anunciava que naquele réveillon iria à praia com suas oferendas a Iemanjá, porém sem esquecer dos exus ligados à terra, para não haver ciúmes ou ressentimentos. Mais uma saideira e fui deixá-lo em casa. A conversa tinha sido tão boa que eu esquecera de mostrar-lhe meus contos eróticos. Na portaria do seu prédio, lembrei-me e o chamei, aflito.

— João, por favor, dá uma olhada, se tiver tempo. Preciso da sua opinião.

Ele apanhou a pasta, com cara de enfado, e entrou no prédio. A sorte estava lançada, mais uma vez.

Lavínia agora batia ponto no templo de uma igreja pentecostal. Dizia que a leitura do livro sagrado havia feito maravilhas com ela. Eu devia conhecer a igreja, aceitar Jesus como meu salvador, arrepender-me dos pecados e receber o Espírito Santo. Não gostei da parte referente ao arrependimento, afinal, como fiel devoto de Sueli Costa, se uma coisa me entristecia ainda era o beijo de amor que não roubara, a jura secreta que não fizera e a briga de amor que não causara. Tirante isso, não criticava ninguém, cada qual sabia onde beiravam seus abismos existenciais, e Lavínia cuidava de enfrentar os seus. Considerava-me um agnóstico que aprendera a não duvidar de nada. Já tivera uma experiência mística ao visitar com minha mãe um centro espírita no Grajaú para tomar uns passes. Nunca havia simpatizado com a reencarnação. Se era para melhorar e desenvolver o espírito a cada vida, por que as pessoas eram tão teimosas e não aprendiam porra nenhuma? Ao contrário, parecia-me que a humanidade andava piorando a cada leva de reencarnados. Portanto, não à reencarnação. Nunca mais voltei ao centro, embora admita que os passes não me tenham feito mal. Todos gostamos de boas sensações e vibrações. Enfim, para que Lavínia ficasse alegre, eu disse que daria uma lida na Bíblia (para deixá-la feliz eu ouviria um disco inteiro dos Bee Gees). A verdade era que a minha paz e salvação eterna mostravam-se tão distantes quanto o meu pretenso sucesso escrevendo livros. De acordo com João Antônio, tanto minha vida profissional quanto a espiritual beiravam a linha do cu do cachorro.

A ALMA GÊMEA DE ALÊ

Os dias se arrastavam e João Antônio continuava sumido. Nenhuma notícia. Queria que ele comentasse meus contos, nem precisava elogiar. O pior era deixar minha vida estacionada à espera de um improvável empurrão.

Conheci Alessandra Regina numa festa na Avenida Atlântica. Logo vi na garota sedutora, com pinta de intelectual, a possibilidade de ser o mais perto possível do que se conceitua uma alma gêmea. Passamos a noite juntos. Regulávamos na idade, curtíamos e odiávamos as mesmas músicas e havíamos lido todos os livros do Rubem Fonseca. O mesmo ateísmo desconfiado, o igual desprezo pelos Bee Gees, a mesma falta de um pai, tanta coisa em comum, tanta aflição e buscas. Por que não a tinha encontrado antes? As coincidências de gostos eram tantas que receei que Alessandra Regina fosse lésbica. Felizmente, homens a atraíam. No ar, uma sensação vívida de o mundo não ser mais importante que aquele nosso encontro. Uma aura de destinos entrelaçados. Ah, Alessandra Regina... seu nome, originado de um acordo entre os pais: a mãe queria Alessandra, e o pai, Regina. Optei por chamá-la de Alê. Alessandra Regina tinha cara de Alê. Então, eu e

Alê não mais nos desgrudamos, depressa demais nos apaixonamos, tudo à primeira vista, como dois míopes e irrecuperáveis idiotas.

Fizemos sexo pela primeira vez nas iniciais horas de 1996, após assistir à queima de fogos na praia, enchendo a cara com cerveja em lata e champanhe nacional. O amor no começo tem disso: fica-se quase imune a obstáculos. Alê morava sozinha, num quarto e sala alugado, em Copacabana, na rua Santa Clara, perto da ladeira que dava para o morro. Fui levá-la em casa e transamos em seu apartamento. O inusitado foi Alê me pedir silêncio absoluto e para não acender as luzes porque sua tia, que morava ao lado, não podia nem desconfiar que a sobrinha trazia homens para dentro de casa. Soou estranho para mim quando Alê disse "homens", assim no plural, o que poderia significar um monte... Enfim, seguimos em frente. Entrar num lugar escuro cuja disposição dos móveis você desconhece é tarefa difícil até para sóbrios. Amparado daqui e esbarrando dali, fui levado por Alê e transamos no que me pareceu ser um sofá na sala. Fui me habituando ao breu e já conseguia enxergar sem precisar tatear e apalpar tudo. O problema era não fazer nenhum ruído. A todo instante ela me colocava a mão na boca, o que era inútil. Acho que a tia deve ter escutado alguma coisa quando, com os pés, derrubei algo que se assemelhava a um abajur. Naquele momento, Alê teve um acesso de riso e eu gozei em seguida.

O sexo entre nós possuía uma aura estranha, como se fosse uma brincadeira entre irmãos. O aspecto de aparente incesto revelava uma certa atmosfera lasciva. O curioso era que foder com ela dava-me paz, coisa rara para mim, que via nas trepadas um tipo de embate, o orgasmo como prêmio advindo de uma conquista. Com ela era diferente. Nossas trepadas pareciam gentis, silenciosas e sempre com as luzes apagadas ou, no máximo, à meia-luz. Alê justificava não ficar tão à vontade na claridade. Também não havia entre nós aquela premência carnal, as coisas aconteciam natural e espaçadamente, nada igual ao que eu estava acostumado. Nunca fomos a um motel. Alê dizia que ali conseguia enxergar os espermatozoides nos lençóis e travesseiros das camas, como se ainda estivessem vivos e em busca de algum útero desavisado. Além da promiscuidade, ela argumentava que nesses lugares a energia era péssima. Concordei, embora nunca tivesse reconhecido espermatozoides vivos ou mortos em motéis.

Minha mãe conheceu Alê e achou-a adorável. Um pouco doidinha, mas simpática. Alê tinha um jeito de transmitir felicidade às pessoas. Nem ela sabia o porquê. Eu torcia para que as duas se dessem bem, nesse meu momento de busca por alguns dias tranquilos.

Quando o assunto era literatura, eu e Alê esquecíamos do tempo. Ela apoiava minha aspiração de me tornar um escritor famoso. Genial, não menos que isso. Tanto quanto eu, Alê era uma otimista por natureza. Sua predileção literária recaía sobre autores nacionais, porém nunca havia ouvido falar de João Antônio. Podia ser um sinal. Mostrei-lhe alguns contos dele. Em especial, o livro *Leão de Chácara*, a história de amor entre o gerente de inferninho João da Babilônia e sua Guiomar. O da Babilônia era um malandro típico dos personagens criados pelo João: experiente, cínico e frio. Só que desta vez se perdia de paixão pela morenaça Guiomar, periguete de rua, muambeira e sempre se escondendo da polícia. Li em voz alta a descrição de Guiomar feita por João: "*Tinha mais segredo e provocação lá no canto da sua boca do que no quebrar das ondas. Tinha mais perfume ali, na risca do seu cabelo; tinha mais cheiro, chamado e violência ali, quando ela beliscava no canto da boca o dedo mínimo, do que quando o mar tenta gritar, de encontro às pedras*". Eu lia e me emocionava. De certo, andava emotivo demais, e a culpa era dela, Alê — a minha Guiomar de plantão.

— Não sabia que você era tão sensível…

— Para João Antônio, o amor tem a dose certa de rebeldia, há nele a descoberta e a aceitação, ele redime e cura quando não mata.

— Nossa! Não conhecia. Você me empresta o livro?

Detesto emprestar livros, ainda mais aquele do João Antônio, mas não pude lhe negar isso. Recomendei-lhe também o conto que dava nome ao livro, sobre o leão de chácara famoso que não fazia distinção de ninguém, seja poderoso, rico ou desdentado, todos com igual tratamento e desprezo, já que não passavam de trouxas. Um cara de uma violência extrema, mas que quando estava em casa, com a mulher e os filhos, transformava-se num pacato cidadão, cuja principal ocupação era cuidar de uma pequena horta. Expliquei a Alê o que eu entendia desse conto do João: o ser humano tinha várias caras e personalidades, e somente assim lograva sobreviver. O mundo era de atores, sejam canastrões ou competentes.

— Não sabia que você era tão radical...

O SUMIÇO

Era impossível não fazer comparações entre Alê e Lavínia. A primeira era um mar calmo, enquanto a segunda, mesmo à distância, acarretava maremotos. Queria negar, mas sentia falta do caos que só Lavínia conseguia causar. Com o tempo, o que antes com Lavínia era ferimento, agora transformara-se em saudade. Todo o peso das loucuras de Lavínia tornara-se etéreo. Não havia mais riscos, tudo era nostalgia e ausência. E o sexo? Ah, Lavínia, suas atrocidades e pequenas taras! Mas eu não devia misturar as coisas. Alê era a saída necessária, o amor provável. Ainda assim me incomodava sentir tanto a falta de Lavínia, mesmo quando ela apontava e explorava as minhas fraquezas.

Alê falou-me um dia da vontade de conhecer Lavínia. Eu desconversei. Não sabia qual a reação de Lavínia: dar-lhe uns tapas ou convidá-la a um ménage, tudo era possível.

Em vez de Lavínia, falei-lhe sobre conhecer o João Antônio. Lembrei-me de quando, uma noite, João me confidenciou que era um cara solitário que se metera com a literatura. Ele sempre repetia: **"ninguém precisa me conhecer ou entender. Precisam é me ler"**. Para mim, fazia sentido.

Falei a Alê sobre o disco dos Bee Gees que tinha achado em sua casa no meio de tantas obras-primas e raridades. Contei também sobre sua biblioteca secreta, que não gostava de mostrar a ninguém. Tratava seus livros como relíquias. Dizia que era superstição. Sua preferência, os russos: Tolstói, Górki, Tchékhov, Dostoiévski, entre outros. Outra de suas manias, autores nacionais.

Alê gostava mais de ler do que de escrever. Ela detestava a ideia de expor-se numa publicação, mesmo aceitando que escrever sem publicar não fizesse sentido, já que um livro somente existe na cabeça do leitor, quando este o lê. Não queria que soubessem nada sobre ela ou sobre o que pudesse escrever. Eu sugeri um pseudônimo, mas não devo ter sido convincente. Ela realizava-se apenas na leitura e isso a tornava, aos meus olhos, uma espécie de musa indolente.

Procurei por João. Ele continuava sumido. Não dava as caras nem atendia ao telefone. Numa reportagem de uma revista, descobri que no passado ele havia mudado radicalmente seu *modus vivendi*, largando o emprego fixo, tendo vendido o carro e adotado um estilo de vida próximo da marginalidade vivida por seus personagens, de bermuda e chinelo, voltado inteiramente à literatura. João era o modelo de vida que eu idealizava, sobrevivendo na ponta da faca e desvinculado de grupos e academias literárias, com a mísera porcentagem da venda de livros e palestras em escolas e universidades. João era o arauto dos deserdados, humilhados e ofendidos. Agora meio desaparecido, eu o imaginava por aí, num laboratório de escrita ao lado dos seus miseráveis de toda sorte, bêbados mequetrefes, putas, cafetões, mendigos, moleques de rua, ou ainda encafifado em alguma mesa de malandros da sinuca.

João Antônio ia adorar conhecer a Alê. Gostar do João não era difícil, ainda mais se a pessoa fosse ligada em literatura. João alardeava que gostar dele era moleza; conviver com ele é que era troço impossível. Autodenominava-se um bicho sujeito a explosões de natureza vária e à mercê de subidas e descidas da vida. Tratava-se de um boa praça, não fossem uns tantos defeitos.

Para mim, o maior deles era o seu radicalismo. Sem meio termos, ou se comungava com ele ou se estava do outro lado. Era um bocado ranzinza. Isso talvez se justificasse por tratar-se de um nobre cachacista — nunca um cachaceiro, como explicava — no momento privado da bebida, devido a problemas de saúde. Devia estar bastante desconfortável com a abstemia forçada. Parafraseando seu livro, andava sobrevivendo abraçado ao seu rancor.

E sua indisfarçável vaidade? João se achava genial; o pior é que era mesmo. Um de seus livros menos conhecidos, *Casa de Loucos*, mostrava não possuir somente o lado contista, dando voz a crônicas e ensaios, aos quais denominava "ensaios íntimos". A sinuca era o mote principal, mas também havia passagens com Nelson Cavaquinho e Noel Rosa. O meu exemplar, da Civilização Brasileira, de 1976, tinha a capa meio amarelada e algumas páginas soltando. Eu o achara num sebo no centro, a preço de banana. Mas não dissera nada a João, mesmo sabendo que ela adorava bananas. Comia tudo com banana, no arroz com feijão, na farofa, no bife, sempre cortada em fatias.

Comecei a achar esquisito aquele sumiço prolongado do João. Talvez estivesse demorando mais em São Paulo, matando as saudades de sua amante paulistana. Ou havia emendado e viajado a alguma feira de livro pelo interior. Ele costumava dar essas desaparecidas. Quem sabe uma passagem por Florianópolis, cidade da qual havia se apaixonado. João queixava-se da pobreza intelectual e cultural do eixo Rio-São Paulo, da macaquice com as coisas do exterior, dos babaquaras burgueses, dos políticos chinfrins... O que o prendia por aqui era o seu apartamento na Praça dos Paraíbas, a proximidade da orla e a praia de Copacabana, com suas morenas de biquíni. Tudo isso podia perder a graça quando se lembrava do miserê da vida que levava. Queixava-se: **"Fosse eu um escritor estrangeiro, faturaria uns quinze mil dólares mensais, mas como sou brasileiro, escrevo na língua portuguesa, acabo roendo beira de penico"**.

Havia ainda a possibilidade de estar internado em alguma clínica em função de suas crises renais agudas. Lembrei de uma vez em que foi internado no Hospital Rocha Maia. Tinha várias histórias engraçadas com as médicas. Algumas jovens e belíssimas. Ele me garantia que, com aquelas doutoras, não se incomodava tanto com as dores e podia lá permanecer por um bom tempo. Não duvido.

O fato era que, desde o início do ano, eu não conseguira contato com ele. Com certeza, já não se lembrava mais de mim e dos meus escritos.

LUMIAR

Alê havia cismado em passar o fim de semana em Lumiar. Acho que de tanto ouvir Beto Guedes. Tinha sabido de uma amiga, meio doidinha, sobre uma pensão modesta com vista para o verde e um serviço bem razoável. Alê insistia que não podíamos deixar de ir, a viagem era a nossa cara. Confesso ter imaginado aquela viagem mais com a cara dela, mas concordei. A mochila preparada e o dinheiro para as passagens de ônibus para Friburgo e Lumiar. Eu não teria como escapar. Pensando com calma, podia ser até interessante dar um tempo e ficar ouvindo sapos e grilos, tomar banho de cachoeira e refazer as energias. Um escritor necessita renovar energias.

Um dia antes da viagem, Lavínia me ligou. Não estava mais frequentando a Igreja Pentecostal. Ela mesma criara a sua religião, o seu deus particular, o seu próprio poder superior.

— O Espírito Santo está em mim, cara!

— Menos mal, Lavínia, assim você está em boa companhia.

— Estou me sentindo renovada.

— Que bom. Acho que agora você vai melhorar, estava ficando muito magra, cheia de olheiras...

— As olheiras eram pelo sexo.

— Como assim?

— Rolava um sexo animal com o pastor da igreja. Isso também foi um dos motivos da minha saída.

— Você foi expulsa da igreja?

— Não, apenas me desiludi.

— Posso imaginar...

Após um demorado silêncio, Lavínia falou.

— Topa sair no sábado?

— Já combinei viajar com uma amiga.

— Então, tá, tome no rabo, você e sua amiga!

Eu adorava esse lado de Lavínia, sempre óbvia e contundente.

Lumiar não era assim tão ruim, e eu curtia a presença luminosa de Alê, cheia de maconha na cabeça, curtindo a natureza, pele arrepiada com a água gelada dos rios, risadas à toa e a larica aplacada com a comida caseira da pensão. Enfim, sapos, grilos, rede na varanda e pernilongos... incansáveis pernilongos que estragavam o meu humor. À noite, um inferno. Detestava dormir com braços e a cabeça cobertos, mas era a saída. Acabava apagando de cansaço, e irremediavelmente picado. O curioso era que os malditos pareciam poupar a Alê.

— Por que você não passa repelente?

Era uma ideia. Talvez na minha próxima vinda a Lumiar.

— Por que você não aproveita para tirar uma soneca depois do almoço, enquanto eu dou uma caminhada?

Alê possuía invejável disposição. Principalmente para caminhadas. Era melhor mesmo eu dormir um pouco.

— Por que você não se inspira neste paraíso para escrever?

Não que Lumiar fosse um paraíso, nos paraísos não havia pernilongos. Mas a sugestão me agradou. Alê tinha boas ideias. A pensão era relativamente silenciosa. Só havia um barulho pelos corredores, com o ranger do piso velho de madeira. O ambiente bucólico era mesmo propício a me inspirar.

Veio-me à cabeça que, desde nossa chegada, não tinha trepado com Alê. O mais grave: eu nem sentira tanta vontade. Talvez fosse pelos mosquitos.

Caía uma chuva fina; eu me preparava para tentar escrever, quando bateram à porta. Telefonema para mim na recepção. Era minha mãe.

— Olha, ligaram para cá, uma delegada de polícia, perguntando por você.

— Polícia!? O que eles queriam?

— Era para comunicar a morte de um amigo seu, se não me engano, um escritor.

— Quem, o João Antônio?

— Esse mesmo. Parece que era para reconhecimento do corpo.

A MORTE E A MORTE DE JOÃO ANTÔNIO

O mundo para mim desabou em Lumiar. Por isso ele andava tão sumido. Agora, João morto. Procurei por informações nos jornais, televisão. Nada.

Dois dias depois, quando retornei ao Rio, consegui falar com o Reinaldo Caveirinha: João tinha morrido sozinho e esquecido. Arrombaram a porta do apartamento dele. Não havia sinais de briga ou roubo. Aparentemente fazia tempo que estava morto. Pedaços de pele e carne pelo chão, o corpo já em estado de decomposição.

Não esperava sentir tanto a sua morte. Ficar um tempo sem vê-lo ou falar com ele era uma coisa. Nunca mais, era diferente. Até Lavínia me ligou, solidária.

— Morreu aquele escritor seu amigo, não foi?

— Foi.

— Que morte horrível...

Algumas pessoas associam a morte à solidão. Mas João Antônio havia exagerado. No nascimento, temos minimamente a companhia de quem nos dá à luz, e na morte, estamos mais vulneráveis ao abandono.

Acho que João saiu de cena como sempre ensaiou, quieto, sem alarde. Eu torcia para que tivesse sido de um golpe só, uma foice ligeira, um desmaio de aneurisma, um ataque cardíaco fulminante e rápido. Depois era só matéria que restava para os insetos darem conta e, em seguida, as minhocas e bactérias.

A alma dele permanecia em seus objetos, livros, escritos e recortes de toda uma vida literária, seu estilo, as histórias reais da massa de esquecidos, espezinhados e feios.

Não pude ir ao seu enterro, mas estive na missa de uma semana. Não entrava em uma igreja fazia tanto tempo que havia me esquecido dos ritos. Enquanto o padre conduzia a missa, ainda na minha mente os conselhos e ditos do João falecido: **"Escritores que se metem na política começam por perder a memória, depois a vergonha e danam-se a praticar atos inimagináveis até para um escritor"; "escrever é optar pela estrada, que talvez seja a única forma de caminhar para quem a escolhe"; "não acredito em diplomas, acredito em livros...".**

Em silenciosa homenagem, e para amenizar a falta de João Antônio, eu relia seus livros. Percebia em seus personagens mais recentes uma acentuada perda de romantismo. Não reconhecia mais a tal picardia dos malandros e afins. Talvez João quisesse refletir a sua indignação e inconformismo com tudo o que acontecia ao redor. Havia um ressentimento claro, e eu agora podia confirmar.

A morte de João Antônio me impactara de tal jeito que eu achava difícil voltar a escrever.

Mesmo passado algum tempo, ainda sinto um forte vazio. Não é luto por parente ou um amor perdido, mas incomoda. João foi uma espécie de ponto de apoio, referência.

SILÊNCIOS INCÔMODOS

Lavínia interrompeu minha letargia pelo luto de João me chamando para sair. Tudo que precisava era beber um pouco, dar uma espairecida. Ela propôs um cinema. Eu queria beber, queimar um longo baseado e depois sexo. Fomos direto a um motel.

Deitados na cama com espelho no teto, acendemos o bagulho. Pela primeira vez brochei com Lavínia. Alguma coisa parecia desordenada. Num determinado momento, comecei a pensar na incoerência de viver, na certeza imperativa da morte. Vi João Antônio rindo, vi nos olhos de Lavínia os olhos de Alê. Não devia ter fumado tanto. Em vez de relaxado, agora suava frio. Pressão lá embaixo. Lavínia, preocupada, achou melhor voltarmos para casa. A única coisa que nos mantinha relativamente presos era o sexo, e este também começava a dar sinais de fastio.

Esqueci o incerto com Lavínia e voltei para a segurança de Alê. Pensei contar-lhe que saíra com Lavínia e que não conseguira trepar com ela. Para Alê nada poderia ficar em segredo entre duas pessoas que sonhavam permanecer juntas. A confiança era tudo, mais importante que o gostar construído a partir da confiança. Será que ela iria entender o meu deslize e me perdoar? Se João Antônio estivesse vivo perguntaria, embora com a certeza de não saber a resposta.

No restaurante, com Alê, depois de derrubar uma garrafa de vinho chileno, tomei coragem de bêbado e contei tudo.

— Saiu com ela e foi a um motel? Como assim?

— Indo, ora.

— Você acha certo isso?

— Fui ao motel, mas não fiz sexo com ela.

Silêncio incômodo.

— Você o quê?

— Eu não fiz sexo com ela, eu brochei. Só pensava em você.

— Vou fingir que acredito...

— Eu olhava para ela e só via você.

— Deve ter sido culpa.

Eu pude sentir o rosto vermelho de Alê. Certamente não havia acreditado na minha versão de não comer a Lavínia. Imaginei que Alê fosse explodir. Mas não disse nada. Na sobremesa, enquanto saboreávamos o pudim de leite, veio a surpresa.

— Foi bom você ter me contado isso. Fico mais aliviada.

— Ainda bem. Como você me ensinou, temos que ser sempre sinceros um com o outro.

Silêncio confortador. Por pouco tempo.

— Também tenho saído com um carinha do trabalho.

Procurei ganhar tempo. Meu coração batia forte.

— Um carinha do teu trabalho?

— É.

— Como assim?

— Ué, saindo com ele, namorando e trepando no final, como as pessoas costumam fazer.

— Mas eu não trepei.

— Problema seu.

O ar começava a me faltar. Depois percebi que podia ser tudo invenção para ela não ficar por baixo. Só podia ser isso. Aparentei, então, normalidade.

— Claro, o problema deve ser mesmo meu.

Mais silêncio incômodo. O garçom apareceu com a conta. Dividimos, como sempre. No caminho para a casa dela, pensei em continuar o assunto, mas desisti. A despedida foi com um beijo frio no rosto.

Não consegui dormir, perseguido pela dúvida de ela estar falando a verdade. Quem seria o cara do trabalho dela...

Dia seguinte, liguei para Alê.

— Aquela conversa de você sair com um cara do seu trabalho foi invenção, né?

— Por que você acha isso?

— Você inventou isso só pra me deixar puto.

— Como você se acha, né? Vamos esclarecer alguns pontos. Primeiro: desde que começamos a sair, nosso sexo é uma piada. Curto conviver com você, gostamos das mesmas coisas, nos entendemos bem, mas, cá entre nós, na cama é uma bosta.

— Por que você nunca reclamou?

— Seu narcisismo sexual é patológico, não queria te magoar, querido.

Silêncio incômodo. Aquele "querido" quase me tirava do sério. Alê prosseguia, impiedosa.

— Foram pouquíssimas vezes, meu querido, que consegui gozar com você.

Nenhuma mulher até agora tinha se queixado de sexo comigo. Silêncio incômodo demais.

— Não encuca, acho você um cara bacana, de certa maneira você me completa.

— Que maneira é essa, se você não consegue gozar comigo?

— Você dá demasiada importância ao físico da coisa. O melhor da gente é o encontro, as nossas fantasias. O carnal pode ficar para segundo plano.

— Claro, se lhe fizer falta você fode com seu amiguinho do trabalho.

— Ele não é meu amiguinho, é o meu chefe.

— Só falta dizer agora que foi assédio.

Silêncio oportuno.

— Você também não procurou a sua ex?

— Lavínia não é minha ex.

— Foda-se o que ela é.

Aquele "foda-se o que ela é" evidenciava que Alê estava com raiva, tomada de ciúmes, talvez me testando com toda aquela conversa de sexo com o chefe. Decidi desafiá-la.

— Por que você, então, não fica com seu chefe?

— Porque ele é casado...

Resolvi partir para o deboche.

— Se eu fosse você, pedia um aumento.

— Vai se foder!

Não respondi. Nem deu tempo, Alê havia desligado na minha cara.

Nunca mais a vi. No começo, achei que voltaria a me procurar. Como não me ligou, resolvi também não ligar. Assim, nosso silêncio incômodo durou tanto tempo que passou a não ser mais tão incômodo.

JOÃO ANTÔNIO E OS BEE GEES

João Antônio criava seus personagens e sofria um pouco com cada um deles. Penso que seus tipos, as prostitutas como Rita Pavuna, os malandros como Malagueta, os safardanas e patifes, a ralé, arraia-miúda, os inocentes da classe "mérdea", os nanicos otários da vida e merdunchos em geral, ainda permanecem vagando pela periferia das cidades, assombrando e escancarando o que João escreveu a vida toda, ou seja, a desigualdade e o pega pra capar dos desfavorecidos, numa sociedade contaminada. Ele dizia que ninguém escolhia ser meliante, camelô, meretriz, porque não é fácil viver na marginalidade. Seus malandros hipotéticos, de tão reais, viam a morte de perto e era como se a desprezassem. João encarava a lógica opressora da morte em seus textos com extrema ironia, como se a qualquer instante ela pudesse ser driblada, ou num drible de Garrincha ou na substituição de um sofrimento legítimo, semelhante ao dos desvalidos em sua obra.

João teve um começo literário precocemente glorioso: aos vinte e cinco anos, dois Jabutis e o paparico da crítica. A partir daí, uma luta frequente para manter-se autêntico nas páginas e no dia a dia. No fim, sua morte angustiante escancarou a solidão na qual vivia. Eu refletia sobre o seu desaparecimento esdrúxulo, quase um mês morto em seu apartamento, apodrecendo e servindo de pasto às moscas. Fugia dessa dantesca imagem com a igual intensidade com que ela me atraía. Era como se eu pudesse ter estado lá, talvez socorrê-lo, chamado uma ambulância. Viver aquela cena e corrigi-la, como um diretor de cinema.

Um dos mestres do realismo, Henry James, ao terminar os seus contos de terror, ficava noites sem dormir, apavorado com o que havia escrito; Sade excitava-se com seus personagens e masturbava-se enquanto anotava o que lhe vinha à mente; Bukowski descrevia a embriaguez do seu alter ego completamente bebum. Escritores lidam com o mistério da criação e vivem a intensidade daquilo que escrevem. A morte sempre foi tema fascinante à literatura, desde sua possível intermitência com Saramago às almas penadas de Alighieri ou aos mortos-vivos de Veríssimo em Antares. Não pretendo elucubrar sobre as razões de se morrer cedo, aos poucos a cada ano, desastrada e tragicamente ou se esvanecendo lentamente em vida; apenas cogito escrever sobre o final abandonado de João. Mas como encarar os desígnios do seu adeus solitário?

Li certa vez que escrever pode causar envolvimento excessivo com aquilo que se escolhe para tema. Por mais que negue admitir, o fim trágico de João havia me paralisado, numa espécie de alerta premonitório, um futuro autorretrato de vida, morte e terror.

Resolvi entregar os pontos e procurar emprego. Lavínia talvez tivesse razão quando afirmava ser a literatura um hobby certeiro para mim. Apenas isso. Ela me ligou comunicando sua viagem para uma cidade no interior de Minas, onde, segundo ela, houve uma aparição de um ser de outro planeta. Agora sua atenção voltava-se para a ufologia. Parece que ela também andou vendo objetos pelo céu. Sóbria, me garantia. Dizia ter recebido sinais. Nada disse, mas temi que acabasse abduzida.

Passando pelo centro, dei de cara com Juçara. Fingiu que não me viu e não tive coragem de lhe falar. Acompanhada por um senhor de terno, quando ela passou, olhei de volta, e pude rever, encoberta por uma calça jeans apertada, aquela bunda que eu venerava. Senti-me ridículo. Com o distanciamento, coisas que achávamos sublimes podiam virar o espelho do nosso próprio grotesco e risível. E a bunda de Juçara, agora desmistificada, pertencia a esse viés.

Reinaldo Caveirinha me convidou para ir à sua casa beber umas cervejas e ouvir música. Enquanto nos embriagávamos, íamos ouvindo um álbum e outro. Uma gravação de canções dos Beatles em orquestra; Etta James; Elis & Tom; João Gilberto e clássicos da bossa nova; e, de repente, lá estavam eles, os Bee Gees, capa vermelha, série Autógrafos de Sucesso, envolta num plástico ensebado. Caveirinha adorava os Bee Gees da fase romântica. Por educação e pelas cervejas, pus-me a escutar. Uma canção me fez pensar. A melodia não era ruim, apesar da voz esganiçada me incomodar.

Meu inglês conseguiu traduzir a letra idiota: o cara era uma piada, enquanto o mundo todo se ria dele. A letra sem sentido me levou a pensar que a vida era igualmente assim. A morte de João Antônio me abalara de tal jeito que passara a ver filosofia em asneiras. Depois, uma canção que falava da descoberta de um retardado, de que o mundo girava e chovia todo dia em algum lugar. Caveirinha cantarolava e perdia-se em recordações, dizendo-me ser a época mais feliz da sua vida. Imaginei a vivência miserável que teria tido. Afora a implicância, havia também preconceito de minha parte com os irmãos Gibb. E pensar que até João Antônio tivera um disco deles. A sessão prosseguia. Agora, uma canção de um perdedor que não conseguia remendar seu coração partido, e outra pleonástica que pedia para não se esquecer de lembrar. As melodias suaves e simples grudavam como chiclete. Não admiraria me pegar cantando. Como se fosse pouco, a fatídica *Massachusetts* remeteu-me carinhosamente aos iniciais tempos com Lavínia. Querendo ou não, os Bee Gees já faziam parte da minha história, não como trilha sonora, mas como uma sina.

Ainda penso em me tornar um escritor. Não quero passar um longo tempo sem escrever. Profissionalmente ou não, a depender da sorte. Para meu estilo literário discutível — combinado com meu jeito de viver — talvez a saída fosse tentar um desabafo por meio de palavras inexatas, enquanto aguardo a inspiração surgir num misto de malandragem com vigarice. As contradições insistem em minha vida. Bee Gees e João Antônio viraram a minha única certeza do incerto e o incentivo final em buscar alguma ficção para poder continuar.

FIM